生まれ変わりは本当にあるのか?

「あるはずがない」とはもう思えない

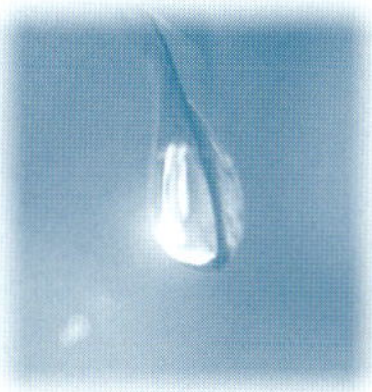

土倉義史
Yoshifumi Tokura

たま出版

はじめに

〝生まれ変わり〟というものが、本当にあるのかどうか。

つまり、人に、前世や来世があるのかどうか。

この疑問は、「人は、死んだら無になるのか、それともそうではないのか」という問題である。この問題は、おそらく人類の歴史始まって以来、ずっと抱かれてきた疑問と言ってよい。ただ、これまでは、どちらかといえば「死ぬこと」への不安からか、たわいのない話として扱われることが多かったのではないか。だから、「そんなことが私たちの生活に何のかかわりがあるのか」と、まじめに取り上げられてこなかった。

けれども、かかわりはあるのだ。なぜなら、それは、「人生とはどういうものか」「生きるとはどういうことか」という問題に、直接一つの答えを出すことにほかならないからである。

私は、「生まれ変わりはある」と思っている。だから言うのだが、今、その問題が、新たな必要性を持って、私たちに迫ってきている。というのは、今ほど、「生きること」の意味が問われている時代はないからだ。

例えば、自殺の問題がある。日本では、毎年三万人を超える人が自殺している。自殺とは、「生きるのか、生きないのか」「生きるなら、どう生きるのか」という問題に直面した結果、「生きない」ことを選ぶことである。その意味で、これだけの自殺者が出ている今、私たちは「生きること」そのものに改めて正面から向き合う必要があると思うのである。

加えて、最近、日本では、規範意識の低下、特に道徳心の退廃が社会問題化している。道徳倫理とは、そもそも何か。つきつめれば、それは、「いかに生きるべきか」ということにほかならない。

ひとくちに「生きる」と言うけれども、私たちは、何を生きるのか。当たり前のことだが、自分の〝人生を〟生きるのだ。

では、当の「人生」とは、そもそもどういうものなのか。「生きること」について考えるとき、この「人生とはどういうものか」という問題が非常に大きな意味を持ってくる。

　その意味で、〝生まれ変わり〟を明らかにすることは、「人生とはどういうものか」を明らかにすることでもある。「人生」が、「生まれて、生きて、死んでいく」だけの、目に見えるとおりのものなのかどうか、はっきりさせること。それ以上に、「人生」に、そして「生きること」に直接かかわりのある問題はない。

　〝生まれ変わり〟自体は、信条や価値観などの問題ではない。「あるかないか」という、いわば自然現象の「あるなし」の問題である。だとすれば、科学的探究の対象になり得るはずだ。にもかかわらず、この問題は、単なる宗教的な教えであるとか、信じるか信じないかという内面的な判断として片づけられてきた。「いったい本当はどうなんだ」という探究は、ほとんどされていない。日本では特にそうである。

「生まれ変わりだの、前世だの、そんなことはあるはずがないじゃないか」

　もし、あなたがそう思われるのならば、ぜひ本書に目を通していただきたい。

目次

第一章

なぜ、「科学」では〝霊魂〟が否定されてしまうのか？

第1節　霊魂や来世は非科学的か？

霊魂や死後の世界なんて「あるはずがない」？

〝生まれ変わり〟があるのかないのか。前世や来世があるのかないのか。それは、「あるかないか」という、二者択一の単純な問題である。しかし、現実にそれを確かめられるのか。そして、確かめるためにはどうすればよいのだろうか。

あとで説明するように、この問題に関する「科学的研究」もいくつかなされている。にもかかわらず、〝生まれ変わり〟は、科学的に認められていないように思える。それは、どこに問題があるのだろうか。

〝生まれ変わる〟ということは、人が死んだ後も、〝何か〟が存在することを意味する。死ねば肉体は朽ちてなくなってしまうのだから、〝何か〟がない限り、〝生まれ変わり〟

というのはありえないわけだ。

その〝何か〟とは、何か。それは、いわば〝霊魂〟というべきものだと考えざるをえない。その意味で、〝霊魂〟が存在しないのなら、〝生まれ変わり〟もないことになる。

では、それをどうやって確かめるのか。

科学的に確かめることができるのか。

ここで、まず問題なのは、「科学的」という言葉の定義である。

そもそも、「科学的」とはどういうことなのか。というのは、生まれ変わりや霊魂の問題を扱う場合、生まれ変わりや霊魂それ自体を「非科学的だ」と言う人が非常に多いのである。

私が若い時、霊魂について話をした中に、田沼さん（仮名）という人がいた。大学の理系を卒業している人である。三十年近く前のことだ。

田沼さんは、「そういうものは、迷信をただ信じているにすぎない」「そんなことはあるはずがない」「科学的にあるはずがない」と言い張った。

そこで、私が「なぜあるはずがないのか?」と聞くと、田沼さんは「あるはずがないからだ」と言う。何を言っても、何かの一つおぼえのように「あるはずがない」という言葉しか返ってこない。そして、「科学が大事だ」「科学的に考えることが大事だ」と繰り返すばかりだった。

私は、そのとき、「霊魂が存在するだろう」とも「存在しないだろう」とも強く思っていたわけではなかった。ただ、「存在しない」と言えるなら、その根拠を知りたかったのだ。「科学的にあるはずがない」のなら、どういう点からそれが言えるのか知りたかったわけである。

ところが、田沼さんは「あるはずがない」「科学的にあるはずがない」と言うばかりで、お話にならないのである。そこで、私は、「この人の考えはこの程度か」と思って、相手にするのもいやになり、もうそれ以上話をする気もなくしてしまった。

田沼さんは、続けて、「ほかの人に話してみろ。そんな非科学的なことを信じる人が誰かいるのか。そういうものは宗教であって、科学ではないのだ。科学的に考えることが大切なのだ」とまくしたてるのだった。

けれども、彼の考え方は、「科学」「科学」と言いながら、全然、科学的でないような気がしてならなかった。頭から、そういうものは迷信だと思い込んで、まったく耳に入らないのである。「科学的」というからには、思い込みや先入観で物事を判断することは禁物であるはずだ。ところが、彼の考え方は、思い込みそのものなのである。まるで、「科学」という言葉を使えば「科学的」と思っているかのようであった。おそらく彼は、自分の頭でしっかり考えたことなどなかったのではないか。

まあ、ここまでの人は極端だと思う。しかし、それに似た考えの人は、案外多いようなのだ。それが、なぜか、学歴が高い人に多いようなのである。読者の方々のそばには、そういう人はいないだろうか。

それに対して、「今はそういう人は少ないのではないか」と言う人がいるかもしれない。この分野に詳しい人なら、「生まれ変わりや霊魂を信じている人は、現在では増えている」と言うだろう。例えば、二〇〇七年に文部科学省の科学技術政策研究所が、インターネットで国民の意識調査を行った結果によると、四六・二％の人が「霊魂の存在」を信じているそうだ（1）。そのためか、「前世」という言葉も、違和感なく世間に受けとめられているようにみえる。

しかし、私は、このような意識調査は、実はそれほど確固としたものではないと思っている。というのは、例えば次のようなことがあるからである。

以前から、テレビでは、霊能者による、いわゆる〝霊能番組〟や、心霊現象を紹介した番組が放送されてきた。仮に、それらの番組が、いんちき的な〝やらせ〟であることが明らかにされたとしよう。そうすると、「霊魂がある」と考える国民の意識というのは、浮き草のように消えてしまうのではないだろうか。

つまり、単に「私はこう思う」「私はこう信じる」という、どちらかというと個人的な気持ちで終わってしまっていて、地に足がついた、確かなものになっていないのである。誤解がないようにおことわりしておくが、テレビの霊能番組が〝やらせ〟だと言っているわけでは毛頭ない。霊魂や生まれ変わりは、単に「思う」「思わない」ということだけですまされてしまって、確かな根拠が世間一般に認められているわけではないということだ。

「確かな根拠は?」ということになると、どうしても「科学的にはどうなんだ?」という話になってくる。

しかし、今のところ、霊魂や生まれ変わりが、科学的に認められているとは言えない。認められているのなら、例えば「心（意識）は脳の機能として説明できる」というような考え方はなくなっているはずだ。心が単に脳の機能であるなら、脳が死ねば心は消えてなくなってしまうのだから、死後に生まれ変わることはありえないからである。

「心（意識）は脳の機能として説明できる」という考え方の背景には、「霊魂や生まれ変わりがまだ科学的に実証されていない」という理論的根拠がある。

では、「科学的に実証されてない」とは、どういうことだろうか。これまでに誰かが実証しようとしたけれど、実証できなかったのだろうか。それとも、まだ誰も実証しようと試みた者がいないから実証されてないのだろうか。そして、もし試みられたことがあるなら、どういう方法で試みられたのだろうか。

「生まれ変わりや霊魂のような問題は、科学が扱う問題ではない。科学的にどうこう言うこと自体ナンセンスじゃないか」

そういう意見もあるかもしれない。でも、それはなぜだろうか。

それに、そもそも「科学」「科学」というけれど、「科学的」とはどういうことなのだろう。何をどうすることが、「科学的」なのか。

そのように考えてくると、「生まれ変わりや霊魂なんて科学的でない」という言葉は、一見、もっともらしく聞こえるけれど、実際には、言っている本人でさえ、「たぶんそうなんだろう」程度の人が多いのが実情である。

というより、現実にはそうしたことを突き詰めて考えた人があまりいないのではないか。だからこそ、この問題は、有史以来、人類が心の底にずっと抱いてきた疑問であるにもかかわらず、「本当のところどうなのか」という結論が出ていないと思えるのである。

このように、「生まれ変わりは科学的にみてどうなのか」というテーマは、簡単に言うけれど、案外奥が深いのだ。このような問題は、科学の原点に立ち返って考えないとよくわからなくなる。

そこで、まず、「科学的とはどういうことか」について改めて整理してみよう。

「非科学的」と「迷信」とは別の意味である

生まれ変わりや霊魂について論じる場合、「非科学的な迷信じゃないか」で片づけられることがままある。「非科学的だ」というのと、「迷信だ」というのとは、本来は意味が異なる。ところが、生まれ変わりや霊魂の場合は、同じような意味で使われることが多い。つまり、「ありえない」という意味で使われることが多いのだ。

「迷信だ」というのは、確かに「間違ったことを信じている」という意味で、これは「ありえない」ということである。

しかし、「非科学的」というのは、科学的方法による結論ではないという意味である。その意味するところは、二つある。

一つは、「まだ科学的に確かめられていない。実証されていない」ということだ。あとで述べるが、「科学的」とは、事実に基づいて推論し論証していくことである。「人間は生まれ変わる」と実証されてないのに、「生まれ変わる」と断定するのは、科学的態度ではないというわけだ。しかし、もしそうならば、「今は実証されていないが、そのうち実証されるかもしれない」ということもあり得る。したがって、この場合は「生まれ変わる」とはっきり断定できないけれども、「生まれ変わらない」とも断定できないので、今のところ明言できない。つまり、「わからない」というのが本当である。

もう一つは、「科学的に明らかなことと矛盾する」という意味だ。

これは「間違っている」と言われるのと同じである。「生まれ変わると仮定すると、科学的にすでに確かめられた事柄と矛盾する」。だから、「生まれ変わりというものは科学的にありえない」という結論になるわけだ。

この論法でいくと、「生まれ変わりが科学的にありえない」と言えるためには、生まれ変わりと矛盾する〝何か〟がなければならない。

では、そういう〝何か〟が、実際に存在するのだろうか。

それについては、後でまた詳しく述べる。

現代はまさに科学の時代であり、科学技術の時代である。なにかにつけ、科学がもてはやされ、科学的であることが絶対的と言ってもよいほどの基準となっている。

加えて、現代人は、有り余るほどの恩恵を科学から享け、科学技術のありがたさを実感しているはずだ。

しかし、「科学」とは何か、「科学的」とはどういうことか、改めて考えたとき、どれほどの人がはっきり理解、認識しているであろうか。

今、私たちは科学の時代を謳歌しているが、それとこれとは別のはなしである。

第2節　「科学的」とは、プロセスのことである

ひとくちに「科学的」というけれど、それはどういうことだろうか。簡単そうにみえて、実はけっこうたいへんな問題なのだ。「科学」の意味が、時代とともに、だんだん変わっていくからである（2）。

ここでは、本書のテーマに必要なポイントにしぼって説明していこう。

ある事柄を指して、「科学的」という場合、それは結論を出すまでの考え方について言っている言葉で、結論の内容について言っているのではないということが言えるだろう。プロセスを無視して、結論だけみて、科学的か非科学的か判断できるものではない。ところが、実際には、結論の内容だけをみて科学的かどうか判断している場合が多いのである。

では、科学的な考え方とはどういうことか。

これをきちんと言い表すことも難しい。けれども、細かい点はともかく、「科学的な考え方の基本はこうだ」と言えることはある。

岩波書店の「広辞苑」をみると、「科学的」とは、『事実そのものによって裏づけられ、論理的認識によって媒介されているさま』と書かれている(3)。つまり、「事実の裏づけがあって、そこから論理的に導かれる」ということである。

もっとわかりやすく言えば、事実をもとに論理的にすじ道をたて、物事を推論していく。「科学的な考え方」の基本はそういうことである。

そういう推論をしていく中で、はっきり確かめることを、「実証する」という。「事実という〝証拠〟によって、物事を明らかにしていく」とでも言えばよいであろうか。

では、それをきちんと言い表すことが、なぜ難しいのか。それは、「事実の確かめ方」や「推論のやり方」が、時代とともに変わっていくからである。人によって、また、分野によっても違う場合があるのだ。


ところで、科学は、何を推論し、何を実証するのか。

それは、宇宙をも含めた自然界の法則である。自然現象の中から、何らかの未知の法則を見つけることを、〝発見〟という。

わかりやすく言うと、自然現象が「なぜそうなるのか」とか、「どうしてそれが起こっているのか」とかである。それを明らかにするわけだ。

そういう発見が積み重ねられ、体系づけられたものが、現代の科学知識であり、科学理論である。

現代につながる科学の考え方や実験方法が出てきたのは、十七世紀のガリレオ（一五六四年～一六四二年）やニュートン（一六四二年～一七二七年）の時代。それは「科学革命」と言われ、そこから科学は飛躍的に発展していき、現代にまでつながっている（4）。

こうした科学の歴史を追っていくと、そこには一つのはっきりした傾向が見られる。それは、〝霊魂のようなもの〟が否定されてしまう傾向である。

これは、どういうことか。

そこを理解するには、科学の歴史をある程度ひもとかねばならない。

第3節　科学が明らかにする法則とは？

中世の考え方

十七世紀の「科学革命」以前の、中世の世界観は、「スコラ哲学」による世界観であった。それは、聖書に書かれている事柄を真実と考え、それを古代ギリシャの学者アリストテレス（紀元前三八四年～紀元前三二二年）の自然哲学などで補強したものだった（5）。そして、ガリレオやニュートンの、近代科学の基礎となる考え方は、当時の常識であったスコラ哲学と対立するものだった。

では、スコラ哲学のもののとらえ方は、どんなものだったのか。

アリストテレスの自然哲学では、なぜその現象が起こるのかを説明するのに、いわゆる〝目的〟を主体とした説明をしていた。例えば、「土や水は、地球の中心が自然な場所だから、そこに向かおうとするために、下に落ちる」という説明である。それは、「自然物がそれ自体で目的を持つ」とか、「神の与えた目的に従って動く」という考え方になる（6）。

「目的に従って動く」ということになれば、極端な例をいうと、「神の目的にかなう場合には、物体は速く落ちる。その目的にかなわない場合には、物体は遅く落ちる」というようなことが起こりうるわけだ。

すると、そうした〝目的〟の背後に、「何かの目的にかなうのか、かなわないのか」を判断する価値観とか、「このためにこうしよう」と意図する何らかの意思が存在することになる。そこから、〝霊魂〟のような非物質的で神秘的なものが出てくることになる。つまり、〝目的〟と〝霊魂〟とは、その点で結びつくのである(7)。

また、中世の権威であったローマ教会の立場からすると、目的とか価値観とかいうと、その背後に〝神〟の存在を想定しやすくなる。そうしたところから、スコラ哲学の世界観が出来上がったのだろうと推測できる。

〝機械的な〟法則

これに対し、近代科学では、目的とか意思とかに関係なく、いわば〝機械的に〟自然現象が起こると考える。

〝機械的〟という言葉を最初に唱えたのは、「われ思う。ゆえにわれあり」という言葉で有名な、哲学者のルネ・デカルト(一五九六年~一六五〇年)だといわれている。彼は、人間を、精神と肉体とに分けて考えた。そして、「方法序説」や「哲学の原理」などの著書の中で、肉体や物質世界を、時計のような機械になぞらえた(8)。

〝機械的〟とはどういう意味かというと、スコラ哲学に対比して、〝単純で規則的〟

と理解するのが、わかりやすいだろう。

　つまり、〝目的〟などなく、「物質現象は、時計が自動的に時を刻んで動くように何の意思もなく、自然の法則に従って自動的に起こるものだ」と考えるのだ。そして、個々の部品が集まって一つの機械が出来るように、「一見複雑な現象も、〝単純で規則的な要素〟の集まり」だと考えるのである。そういう点で、〝機械的〟というわけだ(9)。

　時計がなぜ時を刻むのか。それは、時計が、個々の小さな部品によって、そのように作られているからである。個々の部品は、何の意思もなく、作られたように自動的に動く。その結果、時計は「時を刻む」という用途にかなった動きをする。

　自動車はなぜ決められたように運転できるのか。自動車もそのように作られているからである。アクセルの踏み加減と、スピードの出加減と、スピードメーターの針の加減は、常に一定である。行き先が海だから、スピードの出加減が速くなる、ということはない。日によってブレーキとアクセルが入れ替わるということもない。その自動車が作られたとおりに決まっているのである。機械というものは、細かな部品の組み合わせであり、部品一つ一つは単純な動きしかしないわけで、その動きは一定のものである。そこに目的とか意思とか、神秘的な部分はない。

自然界を動かす力、物質世界に成り立つ法則も、それと同じだと考えるわけだ。すると、物質現象は、そういう単純なものの集まりなのだから、細かく分解するように分析し細分化していけば、解明できるということになる。

法則の〝普遍性〟

もう一つ、科学の法則には、〝普遍性〟がある。

〝普遍性〟というのは、「いつでもどこでも共通する」ということだ。つまり、自然界の現象には、同じ法則が、いつでもどこでも成り立つのである。これは、科学的知識がある程度常識となった今でこそ、「当たり前じゃないか」と受けとられるだろうが、中世の考え方と比べてみると、その特徴がよくわかる。

アリストテレスは、世界を、月より上の「天上界」と、月より下の「月下界」に分け、人間が住む「月下界」に対し、「天上界」は神が住むゆえに高貴であり、「天上界」

にある天体は完全無欠だと説明していた(10)。

これに対して、初期の物理学は、天体の運動を観測するところから始まった。代表的なのが、ニュートンの万有引力の法則である。

どのように実証するか考える場合、重要なのが、〝普遍性〟である。

なぜ重要なのか。

〝普遍性〟というのは、この宇宙、この世界全体が「共通の法則によって動いている」ということである。「共通の法則によって動いている」という前提がないと、実証ということが成り立たないのだ。

アリストテレスの考え方では、「天上界」と「月下界」とは、もともと別個の異なった世界であり、法則が異なっていてもおかしくない。つまり、両方の世界に共通する法則があると考えないのだ。そうすると、地上の出来事と、惑星などの天体の運動とが、同じ法則によって動くという前提はないのだから、天体の運動をいくら観察しても、それは地上の現象を説明するのに役立たない。すなわち、実証することが難しくなる。

ニュートンは、「リンゴと地球の関係」と「月と地球の関係」に共通するものを見出し、それを単純化した法則で表わせると考え、万有引力の法則を発見した。「世界が〝普遍的な〟法則によって動いており、リンゴも天体も同じ法則に従って動く」という前提があるからこそ、その法則が明らかにできるわけだ(11)。

こういうふうに、〝機械的〟で〝普遍的〟な法則であれば、数式のような形で、数学的に表わすことができる。普遍的な法則が一つ明らかにされると、それはあらゆるとき・ところで成り立つのだから、それを応用してさらに次の法則が明らかにされるようになる。そして次の法則が明らかになると、そこからまた次というように、いろいろなことがわかってくるのである。

第4節　科学は、〝生命の神秘〟をどのように解明したのか?

次に、生命の分野の話に移ろう。

〝霊魂〟と聞いて想像するのは、〝生命〟に関係したものではないかということだろう。だとすると、〝霊魂〟を問題にするとき、より重要なのは生命科学の分野だということになる。

そこで、生命科学の歴史の中で、〝霊魂〟に関係するポイントをかいつまんでみていこう。

「プシケー」と「プネウマ」

まず、生命のいとなみについて、古代の学者による説明はどんなものだったのだろうか。

古代ギリシャでは、生命の不思議さを表わす神秘的な霊魂のようなものを、「プシケー（psyche）」と呼んでいた(12)。

アリストテレスは、動物の体の器官がそれぞれ特有の「プシケー（霊魂）」を持っているのではないかと考えていた。

生物を観察すると、次のような特徴が目につく。

「無生物は動かないけれど、生物は自分で動く」「生物は息をする。息ができないと死ぬ」「無生物は冷たいけれど、生物の体は温かい（体温を持つ）」「生物は成長し、子孫を残す」

こうした「動く」とか「息をする」とか「体温を持つ」とかいう特徴に着目して、そういう生命のはたらきが、霊魂という神秘的なものによって起こると発想したのである(13)。事実、「プシケー」の語源は「息」とか「大気」という意味である。

アリストテレスは、「プシケー（霊魂）」には、生命活力の源として、生命体を「動かす」作用があり、その作用によって肉体の器官が活動すると考えた(14)。おおまかに言えば、「大気の中から取り入れたプシケー（霊魂）が、肉体で包み込まれ、その霊魂のはたらきによって、生命が活動する」という理解であったようだ。

紀元前三世紀頃、当時最大の都市アレキサンドリアで古代生理学の父と言われたエラシストラトス（紀元前二六〇年頃活動）は、人体の血管のうち、静脈には血液が流れているが、動脈には「プネウマ（pneuma）」とよばれる「精気」が流れていると考えた。「プネウマ（精気）」というのは、もともと大気の中に含まれている生命活力の源になるもので、それが呼吸によって人体に取り入れられて生命活動が起こるという説である。

なぜそう考えたのか。それは、死体を解剖すると、動脈にはわずかの血液しか残ってないことが観察されるからだ。そこで、動脈には、血液以外の何かが流れていると考えたのである。しかし、死体の動脈に血液が少ないのは、動脈が筋肉質の血管だから、死後に血管が収縮して血液を静脈に押しやるためなのだ。

また、エラシストラトスは、神経も血管のような中空の〝パイプ〟になっており、その中を「プネウマ（精気）」が流れることによって、神経の伝達作用が起こると説明している(15)。

これらの説明をみると、「プネウマ（精気）」というのは、「プシケー」とよく似たものだったようだ。ただ、「プシケー（霊魂）」と「プネウマ（精気）」と、この二つがどう違うのかということは、本書では重要ではない。また、神経を流れる「プネウマ（精気）」は、血管の中を流れる「プネウマ（精気）」と違って、「霊魂プネウマ」という精妙なものと考えられていたが、その違いをうんぬんすることもあまり意味がない。重要なのは、「プシケー（霊魂）」にせよ「プネウマ（精気）」にせよ、当時は、そういう名前の〝神秘的なガスのようなもの〟の作用によって生命現象が起こると考えられていたことである。

血液循環と呼吸

このように、古代から、血管（特に動脈）の中は「プネウマ（精気）」で満たされており、それが体を動かしているという説明が一般的であった。血液も、血管（静脈）の中を流れているけれども、どちらかというと養分として消費されるものであって、血管全体を循環するものとはみなされていなかった。

ところが、十七世紀に入って、イギリスのウイリアム・ハーベイ（一五七八年～一六五七年）が動物の生体解剖を行い、血液の量を測定することで、血液が血管全体を循環していることを実証した。同時に、「プネウマ（精気）」というものは、どこにもその〝実体〟を見つけられないことを示したのである。

これによって、ハーベイは、血液循環を実証し、近代生理学を興した学者として後世に知られるようになった。彼は、その著書「動物発生論」の中で、「霊魂または生命作用の実体とみなされるのは血液である」と述べている(16)。

十八世紀になって、フランスのアントワーヌ・ラヴォアジェ（一七四三年～一七九四年）は、物が燃える現象は、物に酸素という元素が化学的に結合することだと実証した。彼は、天秤を用いた実験で、空気は酸素と窒素から出来上がっていることを明らかにした。さらに、動物の呼吸の際には酸素が使われ、呼気中の二酸化炭素に置きかえられることも実証した(17)。つまり、「動物の呼吸と物が燃える現象とは、同じようなものだ」ということである。

古代においては、「プシケー（霊魂）」や「プネウマ（精気）」のような活力の源になるものが大気中から呼吸によって人体に取り入れられ、生命活動が起こると考えられていた。しかし、それは、実は「酸素という実体のある物質だ」と実証されたわけだ。

さらに、十九世紀になると、ドイツのユストゥス・リービッヒ（一八〇三年～一八七三年）が、食物として体内に取り入れられた栄養素が、血液循環によって体内に運ばれてきた酸素と結びつくかたちで燃焼が起こり、体温が維持されると唱えた(18)。このことは後に実証され、酸素や栄養素が体内の組織で化学反応することによって生命が維持されていることが、次第に明らかになっていった。

生物の〝普遍性〟

ところで、「自然界の法則には普遍性がある」という考えは、物理化学においては理解しやすい。ところが、生命現象の法則は、単純な物体とは違って、普遍性があるのかどうかがわかりにくい。

生命現象というのは、生物の体の現象である。その法則は生物の体の中で成り立つ。さらに、「生物」とひと言でいうけれど、植物や微生物のようなものから人間のような高等動物まで、文字どおりピンからキリまで存在する。

もし、下等生物から高等生物まで観察して、生物に共通する基本的なしくみが確認できたなら、それは生物の普遍的な法則であると言える。

逆に、人間にだけあるような現象は、法則を見つけにくいことになる。

生物の分野の普遍性で重要なのは、まず進化論だろう(19)。

よく知られているように、チャールズ・ダーウイン（一八〇九年〜一八八二年）は、一八五九年、今から百五十年前に、「種の起源」を出版した。彼は、イギリス軍艦ビーグル号の航海経験を手始めに、地域ごとの生物の共通部分を分類し、特定の地域の生物が、他の地域の生物と異なる点に着目した。そして、「生物は、共通の先祖から分かれて進化した」という進化論を唱えた(20)。

そうなると、人間は特別なものではなく、動物から進化して出来上がったことになる。それは、「動物にあてはまることは、人間にもあてはまる」ことに通じる。

また、十九世紀の初めごろまで、人々は、「すべての物質は、石や水のような無機物と、砂糖や油脂のような有機物とに分けられる」と考えていた。「有機物は、人間や動植物などの生命のはたらきによってしか作り出されない」とか、「無機物の世界と有機物の世界との間には、越えることのできない境界がある」という考えを疑う人はいなかった。「生命というのは特別なものだから、単なる物質とは違う」という考えが一般的だったのだ。

ところが、ドイツの化学者フリードリヒ・ウェーラー（一八〇〇年～一八八二年）は、ごく普通の無機物シアン酸アンモニウム水溶液を加熱すると尿素が生じることを発見した。尿素は、人や動物の尿の中にだけ見出される物質だったから、典型的な有機物のはずである。ところが、ウェーラーは、腎臓のはたらきによらずに尿素を合成したわけだ(21)。

この発見をきっかけにして、「無機物の世界と、有機物、つまり生命の世界との間には、越えられない境界がある」という考えは次第に衰えていく。それは、逆に、物理化学的な法則が生物の世界にも当てはまることを意味する。そして、動物の体は一種の化学工場として説明できることが明らかになっていくのである。

神経のしくみの発見

神経作用についてはどうだろうか。

すでに述べたとおり、古代から十八世紀ごろまで、神経の伝達は、神経が血管のような中空の〝パイプ〟になっており、その中を「プネウマ（精気）」が流れることで起こると考えられていた。しかし、十八世紀にはすでに、神経は切っても穴があいておらず、〝パイプ〟ではないことがわかっていた。

十八世紀の終わりごろというのは、電気現象がようやく物理学の興味の対象になり始めた時代である。アメリカ独立宣言の起草者の一人であるベンジャミン・フランクリン（一七〇六年～一七九〇年）が、凧を使った実験で雷が電気であることを明らかにしたのもこの頃だ。

十九世紀になると、電流計が発明され、電流の量を測定できるようになった。デュ・ボア・レモン（一八一八年～一八九六年）というドイツの学者は、神経や筋肉が刺激によって興奮するとき、電気変化が検出されることを発見した。そこで、神経や筋肉の作用というのは、電気的なものではないかと考えられるようになった。

さらに、ヘルマン・フォン・ヘルムホルツ（一八二一年～一八九四年）という学者は、一八五〇年に、カエルの神経を使って、電気変化の伝達速度の測定に成功した。その電気信号の速度は、毎秒約三十メートルで、金属内を電気が流れる速度より遅く、純粋の電流とは違っていたのだが、少なくとも、「プネウマ（精気）」というものによって刺激が伝達するのではないことがわかったのである(22)。

このような神経の伝達作用が、神経細胞の興奮によって伝わることは、現代ではすでに周知の事実となっている。

二十世紀になると、オシロスコープなどの電子機器が開発され、微細な電気現象を測定して記録できるようになった。その結果、神経の電気信号の伝達は、次のようなしくみで起こることがわかった。

神経細胞が刺激を受けると、刺激を受けた神経細胞膜の一部分が興奮して、その部分の細胞膜のナトリウムイオンに対する透過性が一時的に増す。すると、神経細胞内のその部分にだけ、細胞外から流入するナトリウムイオンが増える。ナトリウムイオンというのは、いわばプラスに帯電しているので、細胞膜の周囲の部分との間に電位差が出来て、電流が流れる(23)。これは、生理学的に「ナトリウムポンプ」と呼ばれるしくみで、少し難しいが、まったくの物理化学的な現象であって、どこにも「プシケー(霊魂)」や「プネウマ(精気)」のような神秘的な概念が入る余地はない。

細胞と遺伝

もう一つ述べておきたいのは、遺伝のしくみである。

生物には、「生まれてきて、成長する」という特徴がある。

生物は、なぜこのような形で生まれてきて、そして成長するのか。人間が、人間の形で生まれてきて、成長して人間の大人になるのはなぜなのか。

それに関する生物学の発展の歴史はどうだろうか。

望遠鏡の発明によって、天体の動きがより詳しく観察できるようになったのと同じく、顕微鏡の発明によって、いろいろなものの微細な構造が詳しく観察できるようになった。

生物の分野で、細胞の存在は、十七世紀にイギリスのロバート・フック（一六三五年～一七〇三年）が原始的な顕微鏡を使って発見していた。しかし、当時の顕微鏡は初歩的なものだったので、細胞の構造を詳しく観察できなかった。細胞などの研究が進んだのは、次第に顕微鏡が進歩して、より微細な構造が観察できるようになったからである(24)。

まず、ドイツのテオドール・シュバン(一八一〇年～一八八二年)が、動物と植物に同じような構造の細胞がみられることを確かめ、これが生物の小単位ではないかと考えた。彼は、「生物は、細胞という要素が集まって出来上がっている」という細胞説を唱えた(25)。

遺伝子によって遺伝が生じることを実証したのは、ショウジョウバエを使って遺伝の研究をした、アメリカのトマス・ハント・モーガン(一八六六年～一九四五年)である。ショウジョウバエを使ったのは、飼育が簡単で世代が短く、遺伝現象を観察するのに都合がよかったからだ(26)。

遺伝というのは、生物が発生する時に生じる。したがって、生物が生まれて成長すること自体を観察できなければ、遺伝という事実を確かめることができない。それには、生物そのものを観察するよりほかに手がない。現在でも、ショウジョウバエは、遺伝現象を観察する生物のモデルとして最適で、遺伝子の研究に欠かせない。小さくて飼育が簡単なことに加えて、体型が複雑で変異を起こした部分を見つけやすいからである。

さて、生物の個体が生まれる最初の形は、受精した卵細胞である。受精卵が、どのようにして完全な個体となるのか。その成長過程を研究する分野は、現代では「発生学」と呼ばれる。ドイツのハンス・シュペーマン（一八六九年〜一九四一年）は、それを、実験操作が簡単なイモリやカエルを使った実験で明らかにしようとした。彼の実験で有名なのは、イモリの胚の移植実験である。初期の胚の「原口胚唇」を呼ばれる部分を、他の胚のいろいろな部分に移植すると、そこを中心にまとまった体の一部が形成された。シュペーマンは、この現象を「誘導」と名づけた(27)。つまり、特殊な細胞と細胞との接触によって体が形成されるということだ。

これは、細胞のはたらきを解明すれば、神秘のベールに包まれてきた生命の発生のしくみが解明されることを意味する。そして、細胞と細胞の接触というのは、物体と物体の接触である。つまり、物質と物質の法則性から生命の発生現象が生じてくるのであり、そういう物質的なしくみが発生のしくみなのであって、そこに神秘的なものは何もないということである。

このように、遺伝と成長についても、神秘的で不可思議なものではなく、そこには物質的な裏づけがあり、法則があることがだんだんとわかってきた。

そして、一九五三年、ついにDNAの構造が発見された。それまでにも、遺伝が遺伝子によって生じ、それはDNAという物質ではないかと推測されていた。アメリカのジェームズ・ワトソン（一九二八年〜）とフランシス・クリック（一九一六年〜二〇〇四年）は、X線解析写真をもとに、タンパク質の立体構造にならって分子模型を組み立て、二本鎖のらせんモデルを決定した。このDNA構造の発見は、その後、分子生物学が爆発的に発展する突破口となった。ゆえに、二十世紀最大の発見の一つといわれている(28)。この発見によって、遺伝の具体的で物質的な裏づけがはっきりしたのである。

脳のしくみと心

最後に、脳と意識（心）の解明について、簡単に説明しておこう。

まず、古代の学者は、〝意識〟を不可思議で神秘的なものと考え、意識のはたらきも〝霊魂〟によって起こると考えていた。

では、その〝霊魂〟はどこにあり、どういう構造になっているのか。四世紀頃から中世にかけて受け入れられていたのは、脳の中に脳室という空っぽの場所があり、そこに〝霊魂〟が三つに分かれて位置しているという説だった。

その三つの霊魂とは、おおまかにいうと、「感じたり想像する」霊魂、「思考し判断する」霊魂、「記憶する」霊魂の三つである。この三つの霊魂が、三カ所に分かれたそれぞれの脳室に位置して、それぞれが通路でつながっており、その通路を通って情報が伝達されるというものであった(29)。

つまり、意識のはたらきを、「感覚と想像」「思考」「記憶」の三つに分類し、それぞれに対応した霊魂があり、相互に交流して、その結果、意識のはたらきが起こると考えられていたのである。

また、脳の部分を除去して脊髄だけを残したカエルで実験すると、そのカエルは刺激に対して自発的に行動する。このことから、霊魂は脳にだけあるのではなく、脊髄にもあると考えられたこともあった。十九世紀に入っても、なおそういう説があったようだ。

しかし、すでに説明したように、十九世紀には、神経の伝達は電気的なものによることがわかってきた。その中で、イギリスのマーシャル・ホール（一七九〇年～一八五七年）という生理学者は、カエルなどで実験を行い、脊髄の反射作用によって動物の運動が起こることを明らかにした(30)。

脊髄の反射作用というのは、外から刺激が加えられると、その刺激を受けた感覚器官（受容器）から電気信号が発生し、その電気信号が脊髄（中枢神経系）を通過して、さらに筋肉（効果器）へとまわっていき、運動が起こるというものである。この伝達経路は、生理学では「反射弓」と呼ばれている。つまり、「感覚への刺激の入力→中枢への伝達→刺激が中枢神経系で処理→筋肉（効果器）への伝達→筋肉の運動」という経路で、刺激に対して生物の運動が起こるのである(31)。わかりやすく言うと、「コンピューターの入力と出力」というような経路で神経の反応が起こっており、神経という〝回線〟で中枢機能と結ばれているというわけだ。

さらに、脳や脊髄などの中枢神経は、多数のニューロン（神経細胞）がお互いに結合して出来上がっていること、ニューロン同士はシナプスとよばれる箇所で結合して刺激が伝達されていることがだんだんとわかってきた。そうすると、意識のはたらきを生み出す脳の活動は、脊髄反射のような単純な反応が結びついて、より複雑になったものにすぎないのではないか、という発想が出てくる。決して不可思議でとらえどころのないものではないというわけだ。

もう少し詳しく言うと、脳のはたらきは、もちろん、カエルの脊髄反射のような単純なものではない。しかし、それは、脳においては、多数のニューロンが複雑に結合して、いわば複雑な回路を作るためではないかと発想できる。出力も、筋肉一つだけへの出力だけでなく、必要とされる多数の部位へ出力して反応が起こることもあるであろう。また、刺激が入力されても、脳のニューロンの結合した回路によっては、出力しない（反応しない）ということもあるし、すぐにではなく遅れて出力する（反応する）、ということもあるかもしれない。つきつめて言えば、「思考し判断する」意識のはたらきも、脊髄反射のような単純な反応が脳の中で複雑にからみあったもの、いわば「神経回路による反射の延長」として説明できるのではないか。脳の中で、ニューロンの複雑な結合によって、そういう回路が出来ているのではないか。神経組織の構造からみて、そういう「肉体的・物質的な裏づけがある」と推測できる。それは、〝霊魂〟というあいまいで神秘的なものではないということである(32)。

これは、脳を、神経コンピューターとみなすことに通じる。感覚刺激などによる入力と、それに対応する出力を、神経組織で出来た脳というコンピューターで統御しているという見方につながるのだ。

二十世紀になると、シナプスでの伝達には、化学物質が作用していることがわかってきた。シナプスの箇所に電気信号が来ると、神経伝達物質という化学物質が放出される。神経伝達物質には、神経細胞を興奮させるアセチルコリンやノルアドレナリン、逆に神経細胞の活動を抑えるギャバ(GABA)やセロトニンなどがある。興奮したり、怒ったり恐れたりする精神作用も、そうした化学物質への反応という、いわば物質的しくみで起こるらしいということだ(33)。

また、神経伝達の場合と同じように、脳内に発生した微小の電気的変化を、〝脳波〟として波の形で記録できるようになったのが、二十世紀前半である。

脳波は、ベータ波やアルファ波など、意識の状態によって変化する。つまり、「意識状態と脳内の電気的変化とが結びついている」わけだ(34)。

脳について知れば知るほど、〝意識〟の物質基盤が脳であり、脳の物理化学的しくみと〝意識〟とがいかに結びついているかがわかってきたのだ。

第5節　霊魂の存在は否定されるか？

さて、〝霊魂〟に焦点をあてて、生命科学の発展の歴史を駆け足でみてきた。それは、〝霊魂〟に基づく生命観が、物理化学的なしくみによる生命観によっていかに克服されたか、という歴史でもある。その歴史は、生命科学のいわば土台である。現代では、その土台の上に、細かく専門化した理論や知識が積み重ねられている。

もちろん、すべてが解明されたわけではない。しかし、主な生命現象は、物理化学的なしくみ、つまり物質的現象でもって説明できるように思える。

その結果、霊魂によって生命現象が起こるという考え方は、科学の進歩に伴ってどんどん否定されていった。同時に、霊魂というものの〝実体〟は、どこにも発見できなかった。

そこで、「この世界の現象は、物質が主体であり、物質的現象ですべて説明できるじゃないか。人の意識（心）さえも、脳という物質の機能として現れたものにすぎない。霊魂なんてどこにもない」という見方が出てくる。こういう見方を〝唯物論〟という。唯物論というのは、「世界は、ただ（唯）物質（物）だけからなる」という理論である。ただし、それは、「世界はこういうものだろう」という〝ものの見方〟であって、実証された〝事実〟ではない。

「意識は脳の機能である」というのも、一つの推論であって、実証された〝事実〟ではない。それは、「脳は、神経コンピューターとみなせる」ところから、「脳をハードウエア、意識をソフトウエア」とみなして、〝脳と意識〟の関係を説明しようとする見方なのだ。コンピューターなら、ハードウエアが壊れたら、当然のことながらソフトウエアは、はたらかなくなる。それと同じで、「脳をハードウエア、意識をソフトウェア」とみなすなら、死んで脳が活動しなくなれば、意識はなくなってしまうはずだ。すると、脳を離れて〝意識〟は存在しないわけで、「霊魂などあるはずがない」ことになる。霊魂が存在するというのは、「意識が脳を離れて存在すること」だからである。脳をコンピューターとみなすなら、「死んだら意識はなくなる」という推論しか出てこない。

では、その唯物論は果たして正しいのだろうか。

これまでの生命科学の歴史からみると、読者諸氏は、「霊魂などないじゃないか」という印象を受けると思う。しかし、その一方で、面白いことに気づくのではないだろうか。

それは、生命科学では、「あるなし」の基準を、物質、もしくは物質に近いものとしてとらえていたため、物理的に「見つからなかった」ことで、「ない」という結論に達していることである。

例えば、「体温」とか「血管を満たす」とか「神経の信号を伝える」とかいう古代に考えられていた霊魂のはたらきは、みな、肉体の物理的なしくみである。

そのため、生物の肉体のしくみについて、科学的発見がどんどんなされて、確固とした物質的なしくみで動いていることがわかってくると、結果として霊魂が否定されるようになったわけである。つまり、霊魂のとらえ方が、「物質に近かった」のである。ということは、どういうことか。すなわち、生命科学の発展の歴史の中で否定されてきたのは〝物質的な霊魂〟の存在なのだ、ということである。

古代においては、生命のいとなみを、いわば不可思議な神秘的なものと考え、それを説明するのに、〝霊魂〟という名の神秘的な概念を持ち出していた。それが、そうでなくて、生物の体も、確固とした物理化学的なしくみで動いていることがわかった、というのが科学の成果なのだ。

それは、不可思議なものと考えられていた生命の〝神秘性〟が解明された、ということにほかならない。しかし、だからといって、〝生まれ変わりに結びつく霊魂〟の存在が否定されたわけではないのだ。

考えてみれば、科学的な解明というのは、「なぜそうなのかを明らかにする」ことである。それなのに、〝神秘的なもの〟を持ち出して説明しようとするのでは、はじめから、それが〝不可思議で説明しがたいもの〟とみなしていることになるから、「ハナから科学的な解明をあきらめた態度だ」と言われてもしかたがない。

もう一つある。

自然科学の探究のしかたは、「物質を分析する」とか「物体を観測する」とか、物質を主体とするものだ。

それは、物質的なものは観察しやすいし、実証しやすいからである。「何かがある」と実証する場合を考えると、すぐわかる。それには、「これがそうだよ」と、その実体を物質で示すのが一番である。また、何かの現象を示す時も同じである。逆に、物質で示せないものは実証しにくいわけだ。

それを考えると、物質的な方向で探究する限り、霊魂は実証できないのではないか。「霊魂の実体が生物の肉体にはなかった」ということは、「霊魂というのは物質ではない」とも推測できる。少なくとも、「私たちが物質と理解しているものとは違う」と考えられる。

もしそうであるなら、物質的な方向で探究しても、解明できないことも考えられる。

物質でないものを、物質的に解明しようとしても、できるわけがないのだ。
であれば、生まれ変わりや霊魂を確かめるには、どうすればよいのだろうか。
そのことについては、次章で詳しく見ていこう。

第二章

「科学的」な根拠

第1節　序論

前章で述べたように、「科学的に考えること」の基本は、「事実に基づいて推論していくこと」である。ならば、「生まれ変わりがある」と推論するためには、根拠となる〝事実〟が必要だ。そういう〝事実〟の裏づけがあってはじめて、生まれ変わりがあるという推論に結びつく。

では、そういう〝事実〟を、どうやって確かめるのか。

一般的に、何かがそこに存在するのかしないのかをはっきりさせるには、「これがそうだよ」と物で示すのが一番である。しかし、物質でないものは、それが存在することを確かめる方法がない。言い方を変えれば、「それが存在すること」と「それが物質であること」は、ほとんどイコールだということである。

ところが、〝霊魂〟については、これまで見てきたように、どうやら物質でないようだ。そういう〝物質でない霊魂〟が「ある」と、どうやって確かめるのか。

さらには、〝生まれ変わり〟についてはどうか。どうやってそれを確かめるのか。

両方ともに、やっかいである。

〝生まれ変わりの事実〟を確かめるためには、〝前世〟や〝来世〟の存在を確かめなければならない。ところが、私たちの目の前にあるのは、ただ「生まれてきて、生きて、死んでいく」という人生である。それは、〝人間の肉体〟という物質から見た見方なのだ。

さらに、前世と来世のうち、来世のほうは、いわば「これからのこと」である。「これからどうなるか」なんて、確かめようがない。しかし、過去に起こったことなら確かめられるかもしれない。ならば、過去の前世の存在を確かめられないだろうか。

といって、前世そのものは、やはり直接には確かめられない。しかし、「ある人生と、ある人生とのつながりを確かめる」ことで、前世の存在を推論できるかもしれない。

その代表的なものが、「前世を記憶している人」の事例である。

この章では、生まれ変わりや霊魂の根拠となる〝事実〟のほうに焦点をあてて見ていくことにするが、ただ、ここで紹介する事例のほとんどはよく知られたものであり、関連本がいくつも出版されている。

そこで、本書では必要な要点にしぼって説明していくことにしよう。個々の事例についてより詳しく知りたい方は、それぞれの本をお読みいただきたい。

第2節　前世を記憶する子ども

前世のものらしい記憶を持った子どもの事例研究は、ヴァージニア大学のイアン・スティーヴンソン博士（一九一八年〜二〇〇九年）が有名である。ご存知の読者も多いだろう。しかし、スティーヴンソン博士の研究は、その真価に見合った評価を受けていたとは思えない。その研究の意味するものを考えると、もっともっと注目され、詳しくとりあげられるべきである。

前世を記憶する子どもの特徴

スティーヴンソン博士が前世を記憶する子どもの事例調査を始めたのは、一九五〇年代からである。彼は、調査の結果、〝生まれ変わり〟によるものではないかと推測できる事例があることを知り、一九六〇年代に初期の実施調査を行った。調査の方法が確立してきたのは一九七〇年頃からで、現在までにヴァージニア大学に集められた事例の記録は、二千五百例以上にのぼっている（1）。

では、それはどんなものなのか。

前世の記憶を持つと思われる子どもが、その話をし始める期間は、ほとんどの事例で二歳から四歳までの間である。また、六、七歳頃になると、ほとんどの子どもが前世の話をしなくなる。

そういう子どもの話す前世の数は、ほとんどが一つだけである。三つも四つも前世の記憶を持った子どもは、まずいない。

また、その記憶の内容は、死亡したときか、それに近い時期の出来事のことが多い。

ほぼ七五％がそうである。

多くの子どもの前世での死に方は、非業の死や突然死である。

前世の人格が死んで、現在のその子どもが生まれるまでの間の期間は、平均わずか十五～十六カ月にすぎない。また、死んでから生まれるまでの間の出来事を覚えている子どもはほとんどいない。

また、そういう子どもの多くが、覚えていることを話すだけでなく、前世での人格に関係していると思われる行動を見せる。つまり、好みや癖など、単に「何かを知っている」という以上の特徴が現れるのだ。

例えば、感情的な面では、前世の家族などに対して強い愛着を示したり、前世の自分を殺害した人間に対して強い怒りを抱いたりする。また、死んだ時に似た状況に対して、恐怖を示す。前世で溺死した人格の記憶を持つ子どもが、水につかるのを怖がるといった具合だ。

好みについても同じようなことがある。日本兵だった前世を記憶しているというミャンマーの子どもが、魚の生食を好むという事例、さらに、アルコールやタバコを異常に好む子どもがいたりする。

また、前世で漁師だった人の記憶を持つ子どもが、教わらないのに、船の発動機を操作したり修理したりする技能を持っている事例もある。

肉体に特徴が現れる場合もある。前世の体にあった傷跡と一致する場所にあざやほくろ（専門的には母斑という）がある事例もけっこう見られるのだ（2）。

しかし、このような事例で肝心なのは、「それが本当に〝生まれ変わり〟によるものなのか」という点だろう。

「生まれ変わり以外による可能性はないのか」と考えると、思いつく解釈はいくらかある。

まず、「子どもの空想や作り話」の可能性である。前世の話を子どもが始める年齢というのは、児童心理学的には、架空の遊び仲間を想定した、人真似をする〝ごっこ遊び〟が始まる年齢だそうだ。そのため、「前世の出来事の話は、子どもの作り話ではないのか」という疑問が出てくる（3）。

「生まれ変わり信仰による思い込みではないのか」という疑問もある。生まれ変わりの話をする子どもの事例は、「生まれ変わり信仰」があるとされるインドや東南アジアに多く見られる。ということは、ありきたりの事実を、憶測で拡大解釈しているだけではないのか、ということだ。

あるいは、「子どもが知るはずのないことを知っていた」とかいうが、何らかの方法で得た情報をもとに、そこから、「こうであったらいいのに」という子どもや親の願望によって、生まれ変わりと思い込んでしまったのではないのか。

さらに、虚偽などの可能性はないのか

疑り深い人でなくても、以上のような疑問がわくであろう。

なかでもありそうなのが、「生まれ変わりを信じている親が、自分の子どもの空想を聞いて、すでに死んだ誰かの生まれ変わりだと思い込んでしまう」ということである。その場合、子どもは、「自分の前世だという人」の情報を親などから聞くことになるかもしれない。また、「前世」の家族と会ったりしていれば、そこから本来知るはずのない情報を知ってしまう可能性もある。そういう場合、事例を調査したときは、「すでに生まれ変わりの話が出来上がってしまっている」ことがあり得る。

しかし、スティーヴンソン博士の著書を読むと、「そのような通常の解釈では説明できない事例も確かにある」ということがよくわかる。

博士の調査では、次のようなことについて、実に慎重に綿密に調査検討しているのだ。

・実際の子どもの発言や起こった出来事を、どこまで正確に確認できるか。
・「前世」の人物は特定されるか（スティーヴンソン博士は、特定された事例を既決例、特定されない事例を未決例と呼んでいる）。
・子どもが「前世」の家族と対面しているなら、それ以前の子どもの発言はどうだったのか。
・「前世」の人物と子どもの話との共通点はどのくらいあるか。記憶以外に、行動、能力、身体的特徴その他で、前世の人物と共通するものはないか。
・証人はどのくらいいるか。ただし、また聞きの証言は認められない。
・記録があるか（4）。

これらをできる限り確認し、一定基準以上の、〝生まれ変わり〟という可能性が高い事例だけを記録に残しているそうだ。

そのため、日本でも有名だったカール・セーガン博士（一九三四年～一九九六年）は、「生まれ変わりが真実だという可能性がある」と述べている。

セーガン博士は、いわゆる〝超常現象〟を科学的に検討しようとするＣＳＩＣＯＰ（サイコップ＝超常現象科学調査委員会）というアメリカの団体の創立会員であった。

彼は、一九九六年に出版された「科学と悪霊を語る」という著書の中で、いわゆる超常現象を手厳しく批判している。しかし、前世を記憶する子どもの事例については、次のように評価している。

『これを書いている時点で、まじめに調べてみるだけの価値があると思う超能力の主張が三つある』として、その一つに前世の記憶を持つ子どもの事例をあげ、『ときに幼児が前世のことを話し出すことがあり、調べてみると、生まれ変わりとしか考えられないほどの詳しい記述である』

そして、生まれ変わりが真実だという「可能性がある」としているのだ(5)。これはつまり、空想や記憶錯誤といった通常の解釈では片づけられない事例があるということである。

セーガン博士がそう書いてから、十数年が経過した。その後、前世の記憶を持つ子どもの事例は、程度の差こそあれ、ヨーロッパなど生まれ変わり信仰がない地域でも多数確認されている(6)。

ヨーロッパやアメリカなどでの事例は、アジアでの事例に比べると少ない。その理由は、現段階ではよくわかっていない。ただ、「アジアでは、生まれ変わりが信じられているから、ちょっとした兆候を生まれ変わりに結びつけてしまうのだ」というような単純なものでないことだけは確かなようだ。

では、なぜ、このような事例が、生まれ変わりを実証する事実として認められてこなかったのか。

〝再現性〟がない？

一つの理由は、事実の確認検証が難しいことである。

科学的方法の基本は、事実に基づいて推論することである。ということは、事実をはっきり確かめることが第一歩になる。根拠となる事実そのものがあやふやでは、なにも始まらないからだ。

では、一般的に、その事実をどうやって確かめるのか。

まず思いつくのは実験だろう。科学に実験はつきものである。ただ、実験できるためには、〝再現性〟を必要とする。

〝再現性〟とは何か。わかりやすくいうと、同じ条件のもとで、誰がやっても、何度でもその現象を再現できることだ。

同じ条件なら、いつでも、誰がやっても同じ結果が出る。だから、「確かにそういう現象がある」と確かめられる。実験科学では、再現性がないと実験できない。再現性があって、何度でも繰り返せることが、事実の確認や検証に重要なのである。

ケンブリッジ大学のブライアン・ジョセフソン博士は、透視やテレパシーなどの現象が科学的に認められにくい理由の一つに、再現性のある実験結果が得られない点をあげている（7）。

スティーヴンソン博士の研究でも、「再現性のある結果が得られないから科学的事実とはいえない」と指摘されることがあったそうだ（8）。

では、このような指摘は的を射ているのだろうか。

科学に実験はつきものとはいっても、実験科学がすべてではない。実験室などでその現象を再現できないけれども、事実確認され、科学として成立している分野は多い。だから、再現性と実験できることが絶対条件ではないことは、少し考えてみればすぐわかる。「再現性が得られない」というのは、それほど大きな問題ではないのだ。

では、再現性がなく、実験が適さない分野では、どのように事実を確かめるのだろうか。

それは〝観察〟である。再現性がないから実験できず、観察によってしか事実を確かめられない分野もあるのだ。

こういうと、実験と観察とは別物のように聞こえる。しかし実は、広い意味でいえば、実験も観察に含まれるのである。実験というのは、いわば人為的に管理された条件のもとでの観察であり、観察の一つのあり方にすぎない（9）。つまり、科学的に事実を確かめる方法の基本は観察なのだ。

スティーヴンソン博士の研究は、ダーウィンの進化論を例にとるとわかりやすいだろう。その意味で、〝生まれ変わり〟の研究は、進化論と似ている部分があるのだ。〝進化〟というのは、何万年、何十万年という過去の長い期間のうちに、徐々に起こってきた生物の変化である。だから、「これが進化ですよ」と、〝進化〟を実験で再現することなどできるわけがない。

さらに、人間の寿命には限りがあるのだから、そんな長い間隔で起きる現象を観察できるわけもない。つまり、進化そのものは観察もできないのである。

〝生まれ変わり〟の研究も同じである。

〝生まれ変わり〟を確かめるというのは、研究対象が、いわば人生そのものになることを意味する。

仮に、「死んですぐ生まれ変わる」としても、何十年もの人生を経なければ確認できない。死後短期間ですぐ生まれ変わるのかどうかもはっきりしない。ひょっとすると、その多くは百年、二百年、あるいはもっと長い間隔で起こる現象かもしれない。だから、〝生まれ変わり現象〟そのものは、〝進化〟と同じく、観察することもできないのである。

進化論では、進化そのものは再現できないし、観察できないにもかかわらず、どうやって進化論という学説を推論できたのか。

その理由は、〝進化の結果〟を観察できたからである。進化そのものは観察できないけれど、進化の結果として現れた生物の特徴は観察できる。それは、目の前にいる動植物の体の形態だったり、地層から掘り出される化石の特徴だったりする。その地理的な分布も分類できる。そうやって観察できた〝事実〟から、進化という現象を推論するわけだ。ダーウィンは、進化の結果として現れてきた生物の多様性や地域的特徴などを観察して、そこから、〝進化〟を推論した。そうして出来たのが進化論である。

〝生まれ変わり現象〟においても、目の前にいる人間は観察することができる。そこで、生きている人間の言動などから、前世の記憶を持っていると推論できるというわけだ。

ただ、ちょっと違うところがある。進化論では、観察材料を標本という形で残すことができるが、生まれ変わり現象の事例はそうではないということだ。

進化論で観察できる事実は、いわば動物や植物の体の特徴である。つまり、物体として形に現れるし、形に残せるものだ。それらは、標本にすれば、形態的な特徴が一目瞭然である。また、標本に出来なくても、その場所に行けば何度でも確認できることが多い。

ところが、子どもの事例で観察できるのは、主に人間の言動である。言動から、前世のものとしか思えない記憶を持つことがわかるのだが、記憶はもちろん、言動も標本としては残せない。物体でないから、形として残らないのだ。

そうすると、直接観察していない人がそれを理解するのに、手間がかかることになる。もちろん、事例は記録として残して示すことはできるが、形態的な特徴のように一目瞭然というわけにはいかない。

「百聞は一見にしかず」とは、まさにこのことで、〝事実〟をすぐわかる形で示せるかどうかというのは、案外重要なのである。「科学で必要とされるのは、実は再現性ではない」という考え方もあるくらいで、〝事実〟を形で示すことはそれほど重要なことであるともいえる。

そのことに関して、元北海道大学教授の中谷宇吉郎博士（一九〇〇年〜一九六二年）は、次のように著している。

『再現可能といっても、物差しでものを測る場合のように、誰でもすぐ繰り返してやってみられることと思ってはいけないのである。ということは、再現可能とはいうものの、実際に二度繰り返すということは、たいていの場合できないことである。

現在のいろいろな自然科学の問題について、大勢の学者が、あらゆる方面で研究をしていて、いろいろな結果が発表されている。ああいうものを、一々もう一度同じ条件で繰り返してみるということは、実際上は不可能なことである。また、誰もそういうことはやっていない。ちゃんとした研究をして、こういうことをやったら、こういう結果が出たと論文に発表する。そういう論文を読んだ時、いかにもそのとおりだ、なるほど、自分もあの装置を用いて、同じことをやったならば、このとおりの結果が出るだろうと信用する。実際問題としては、それより仕方がないわけである。こういうふうに、再現可能と信用できるということが、再現可能な問題なのである』(10)。

中谷博士は、「〝再現性〟が必要」なのではなく、「〝再現性があると信用されること〟が必要」と言っているわけだ。

科学論文では、その〝事実〟をどのように確認したのか、まず詳しく書かねばならない。それで、他の学者は納得でき、確信できる。

単純な現象であっても、現実の細かい条件はみな違うのだから、本当に再現できるとは限らない。単純でない複雑な現象の場合は、なおさらである。それでも、その現象をどう確かめたかを詳しく示すことで、同じようにやれば、自分も同じ結果が得られるだろうと、信用できるわけだ。

実験が適さない現象を研究する分野も、科学にはたくさんある。そのときにも、事実確認の結果を、標本なり資料なりで示せば、話が早い。それによって、どういう〝事実〟を確かめ、そこからどう推論したのかをはっきりさせることができる。だからこそ、科学的に認められるわけだ。また、気象や地震などのように、日常的に経験しており、すぐ想像できる現象の場合も同じことが言える。

スティーヴンソン博士の研究も同じである。子どもやその親に、どのような質問をし、前世の記憶らしいものを持っていることをどのように確かめたのか、それを詳しく示すことで、スティーヴンソン博士以外の人がやっても、同じ結果が得られるだろう、ということがわかる。それが、再現性があると信用されることになるのだ。

ただし、そこで問題が出てくる。

「再現可能と信用できることが必要である」ということは、とりもなおさず、事実確認のやり方がこれまでにはないもので、手間がかかるものであれば、再現可能と認められにくい場合が出てくることである。加えて、推論の内容が従来の知識とかけはなれたものであれば、なおさらである。

内容がそれまでの知識や理論にあてはまらないために、すぐに認められなかった学説は、科学の歴史の中にいくらもある。

〝生まれ変わり〟という推論は、まさに、これまでのどのような学説よりも違和感を持たれやすい。そこには、理論的裏づけというものはない。これまで、そういう方面の探究を、ほとんど誰もしていなかったのだから、当たり前である。〝生まれ変わり〟のしくみがどうなのか。どういう条件で、どうなるのか。そこのところは、むしろこれからの課題なのだ。

科学の世界で、このような新しい分野を切り開こうとする場合、大事な視点は何だろうか。それは、「なぜ?」ではなく、「なに?」である。最初から説明にこだわるのではなく、「なにが起きているのか」をしっかり把握することが大事なのだ。そのために、事実をしっかりつかむことに徹し、いろいろな角度、いろいろな方向から観察しようとすることが必要なのである。

例えば、ガリレオが振り子の等時性の法則を発見したときのこと。ガリレオは、「振り子はなぜ揺れているか」ではなく、「揺れ方の特徴はなにか」というところに着目した。だから、振り子の運動の法則を発見できたのだ。もし彼が、「なぜ?」という説明にこだわっていたら、例えば「風が吹くから揺れる」という安易な結論で終わってしまい、発見に結びつかなかったと思われるのである。

二十世紀初め、抗生物質のペニシリンを発見したアレキサンダー・フレミング（一八八一年〜一九五五年）の場合も同じことが言える。フレミングがペニシリンを発見したのは、たまたま細菌の培養皿にアオカビが混入したからである。ただ、その時、「なぜカビがはえたのか」という考え方をしたなら、「実験の不備が原因だ」で終わってしまったかもしれない。しかし、フレミングは、「何が起きたのか」についていろいろな方向から観察してみようとした。だから、カビに細菌の発育を妨げる物質があることを発見できたのである（11）。

前世の記憶事例でも、似たようなことが言える。

まず、そういう子どもをいろいろな方向から観察する。そうして改めて気づくのは、前世から受け継がれているのは単に記憶だけではないということである。

例えば、子どもの体に現れたあざやほくろである。

記憶は、それ自体は目に見えず、観察できるものではない。しかし、肉体に現れたしるしは観察できる。そして、「前世を記憶する子どもの体にも、前世の人物との類似点がある」ということは、「前世から受け継がれたのは、記憶だけではない」ことを意味する。

このように、前世から受け継がれたものがいくつかあるということは、「その記憶がまさしく前世のものである」という推論を補強することになるはずである。そういうふうに、「何が起きているのか」をいろいろな方向から観察することが大切なのだ。とおりいっぺんの安易な結論で終わらせては、科学的発見などできないのである。

さらに、「前世の人物との類似点が、肉体にも現れる」というのは、「単なる記憶だけではなく、物質的な要素も前世から受け継がれる」ことをも意味する。

スティーヴンソン博士の研究のほとんどは子どもの事例であるが、大人の事例もある。

ユダヤ教の宗教的指導者であるアメリカのヨナサン・ゲルショム氏は、科学的研究によるデータではないとしながらも、「ナチスに虐殺された〝ユダヤ人の前世記憶〟を持つ人々に三百人近くも会った」と報告している。それらの人々のほとんどは、一九四六年から一九五三年の間に生まれており、ゲルショム氏が会った時、三十代半ばから四十代であった。彼らは、虐殺されたときの様子と思われる悪夢を繰り返し見たり、虐殺に関係する事柄に訳のわからない恐怖を感じたりしていた。その記憶の内容をみると、具体的で生々しく、直接体験しなければ知るはずのないことも含まれていた、というものもある。後で聞いたり学習したりして得た知識とは思えないのだ(12)。

第3節 退行催眠による〝前世〟

前世の記憶といえば、退行催眠療法による事例も有名である。

退行催眠療法とは何か。

不安感、恐怖症、強迫観念などの精神症状に悩まされている患者がいる。そういう症状は、患者の幼児期の体験や心の傷が原因となって起こっている場合がある。

それらの体験の記憶そのものは、意識の底に眠っており、通常は意識の表面に上がってくることはない。つまり、忘れてしまっているのだが、なくなっているわけではないのだ。いわば、潜在意識の底に眠った状態になっている。

退行催眠療法とは、催眠術によって、このような過去の潜在記憶に意識を集中させ、過去の記憶をよびさます方法のことである。そして、不安感や恐怖症などの原因がどういう体験からきているかをはっきりさせることで、患者の症状を軽くする(13)。

この退行催眠を行う中で、前世と思われる記憶を思い出したことから、催眠によって前世の記憶をよびおこすことが、アメリカで次第に注目され始めた。つまり、「前世の記憶がない」ようにみえても、「ない」のではなく、意識の底に眠っているというわけだ。それを、催眠で浮かび上がらせるのである。

その内容はどんなものか。

ギャレット・オッペンハイム博士という催眠療法家が報告している事例をあげよう。

クリスという三十三歳の保護監察官がいた。彼は怒りっぽい男性で、執拗な頭痛に悩まされていた。

催眠療法をしたところ、クリスのすぐ前の前世は、マイケルという名前でニューメキシコに住んでいた。彼は十二歳の時、友達にウラニウム鉱石を食べさせられて、それがもとで脳腫瘍になり、放射線治療を受けたが、治療に失敗して十四歳で死んでしまった。彼の頭痛と怒りっぽさの原因は、前世での脳腫瘍と、自分を殺した友達や、治療が失敗したせいで死ななければならなかったことへの怒りにあったのである(14)。

退行催眠による事例を見ても、思い出された前世の記憶の内容というのは、日常生活の具体的な点にいたるまで詳細をきわめており、しかも、当事者がまさに体験しているかのように生々しい感情をともなっている。また、単に感情だけではなく、例えば溺死の記憶がよみがえる場合、実際に呼吸困難に陥るなど、肉体的状態さえともなうのだ(15)。

この退行催眠の場合は、スティーヴンソン博士の研究事例と違って、「複数の前世」を思い出す場合がけっこうある。

また、悩まされていた症状と関連のある前世にぶつかり、そのことによって症状が治っているという特徴がある。

それをみると、まさに前世の記憶がよみがえることによって心の傷が癒されているようにみえるのである。

こうした退行催眠は、暗示に弱い人に起こるということはない。精神分裂病でもなく、幻覚や幻聴の兆候もない。宗教経験とも関係ない。

さらに、死んでから生まれるまでの間の状態は、自分の体から離れて漂っている。これは、あとで紹介する臨死体験の場合とそっくりである。

ただし、退行催眠で前世を思い出せる患者は一割もおらず、すべての人が前世を思い出せるわけではない(16)。これは、深い催眠状態(トランス状態)に入れるかどうかという患者側の条件にもよるためで、これだけを見て、前世を思い出せない九割以上の人には「前世がない」と断定するわけにはいかない。

さて、ここでも肝心なのは、「よびおこされた記憶が、本当に前世の記憶なのか」という点である。それは、科学的根拠としてはどうなのだろうか。

意外に思われるかもしれないが、スティーヴンソン博士は、この退行催眠による前世記憶に対しては批判的であった。それは次のような理由による。

催眠をかけられた人というのは、催眠をかけた人の暗示に、いわば全身全霊をもって従おうとする。

すると、「これから、あなたは、生まれる前の別の時代の別の場所まで戻ります」

と言われると、前世らしき時代の記憶がなかった場合でも、それらしき話を作り上げてしまう可能性があるのだ。それでいながら、自分自身、話に虚偽が入り混じっていることに気づかないのである。当人も立会人も、説得力のある現実の記憶が本当によみがえったかのように思い込んでしまったり、「記憶の中に潜んでいるいろいろな情報をつなぎ合わせ、それをもとに〝前世の人格〟を作り上げてしまう」ということがあるというのだ。

スティーヴンソン博士自身が、催眠をかけて、空想を記憶として語っていると思われる事例を見出している。また、自分で話を作り上げたため、時代錯誤の誤りが見られるケースもあった。さらに「催眠状態で、〝前世〟に登場する事柄がどこに由来するかをもう一度尋ねたところ、その一部が図書やその他の資料に基づくことを思い出した人」もあった(17)。

成人の場合は、いろいろと経験を積み知識を持っているので、潜在的な情報の記憶を持っていてもおかしくない。

では、子どもに退行催眠をかけたらどうなのか。

スティーヴンソン博士は、その実験も試みたが、うまくいかなかった。ただ、そういう実験例はきわめてわずかであるので、七、八歳ぐらいの児童を対象にもっと幅広く行えば、前世の記憶を確認できる可能性はある(18)。

それに、博士は、退行催眠による前世記憶を、まったく無意味だとしているわけではない。「催眠でよみがえった前世記憶」の中には、空想による創作などではない可能性のある知識や能力が混じっている場合もあったようだ(19)。

つまり、博士は、「退行催眠によって前世のものらしき記憶がよみがえる場合もあるらしいが、その記憶をそのまま〝額面どおりに〟前世記憶として受けとるわけにはいかない」と言っているわけだ。

これは、科学的検証という点からみると、実にやっかいである。

それらしい記憶があるからといっても、どこからどこまでが現実の記憶なのか、はっきりしないことになる。そのため、それをそのまま受け入れられない。であれば、その記憶だけでは、「前世があるという根拠としては弱い」ということにならざるをえない。

記憶というのは、主観的な体験にすぎない。そのため、実際に起こったという根拠が乏しい。その人の頭の中だけにあるため、確認検証がしにくいのだ。

では、記憶が〝現実のもの〟であるかどうか、どうやって確かめるのか。

例えば、私たちは「昔こういうことがあった」と覚えているけれど、それが定かでないとき、どうやって確かめるか。周囲の人に聞いたり、記録が残っていないか探したりといった、実際にあったことの記録や痕跡と照合して判断することになる。つまり、〝現実〟との照合である。

だからこそ、子どもの記憶事例の研究では、スティーヴンソン博士は、「本当に前世のものといえるのか」を綿密に検討しているのだ。

では、退行催眠療法の事例では、どのように検証されているのだろうか。

グレン・ウィリストン博士は、その記憶が本物であるかどうかについて、資料や記録と照合することで検証を試みている(20)。思い出した前世記憶の中に、通常知られない内容があれば、それを記録によって確かめるという方法である。

例えば、一九〇〇年のイングランドでの、「靴底が木で出来た靴」をはいていた前世を思い出した患者がいる。すると、その時代のイングランドで木靴が使用されていた事実を資料で確かめる。

一八〇〇年代後半のヴァージニア州リッチモンドの「フロントストリート」に住んでいた前世を思い出せば、それが実在の地名であったことを確かめる。つまり「記憶の裏をとる」のである。

次のような事例もある。

『アメリカのある女性が、アレックス・ヘンドリーという男性として十九世紀後半のスコットランドに暮らしていた前世のものと思われる人生を語った。

アレックス・ヘンドリーは、母親に励まされて肉体的なハンディキャップを克服し、エディンバラ大学で医学を修め、一八七八年に卒業した。アレックスの家族は、バンフシャーという所に住んでいた。

ウィリストン博士は、後でエディンバラ大学に照会したところ、スコットランド、バンフシャー郡出身のアレクザンダー・ヘンドリーという男性が、一八七八年に大学

の医学過程と修士課程を修了していたことがわかった』(21)

　これが前世の記憶でないとすれば、この女性は約百年前の外国の男性に関する詳細をどうやって知ったのだろうか。

　また、オッペンハイム博士が報告している、ウラニウム鉱石を食べさせられたマイケルの前世を持つクリスの場合は、前世の知り合いと対面している。

　マイケルの人生は、クリスのすぐ前の前世であり、最近のものだった。退行催眠によって、マイケルにウラニウム鉱石を食べさせた友達がマサチューセッツ州レノックスに住んでいることをつきとめることができた。そこで、その友達を許すことが症状の治療につながると考え、クリスを対面させた。その友達にとっては、自分が殺した相手の生まれ変わりだという男性が訪ねてきたことになる。その部分を原文から引用しよう。

『クリスが入っていくと、このかつての友は立ち上がって、見知らぬこの若い男（クリス）の握手を受けた。そこでクリスは、自分が誰で、なぜここにいるのかを説明した。ウラニウムの件を話すと男は口をあんぐりと開け、目を丸くしてクリスの苦悶の死の話を聞いた。目には涙があふれ、本気でそんなことをしたのではない、とつぶやいた。ついに彼は、この年下の男からの許しの申し出を受け入れた。クリスが自分も許してほしいと頼んだとき、「少年時代の私のしわざにもかかわらず…」と、昔の友はやさしく続けた。それから二人は、この一連の出来事の最後の締めくくりのために、ともに祈りをささげた』(22)

この事例では、前世の知り合いに実際に会っているわけだ。これが事実だとすれば、「生まれ変わりがある」としか言いようがないだろう。ただ、このような出来事には、もとより再現性はない。そこに立ち会った当事者にとっては、真実だとわかるけれど、そうでない人にとっては、単なる〝聞いた話〟になってしまう。

けれども、このよう事例が多数報告されるようになれば、退行催眠による前世の記憶も、前世が存在する科学的事実となり得るかもしれない。

第４節　臨死体験

臨死体験者は、自殺しなくなる？

主観的な体験といえば、臨死体験はどうだろうか。

臨死体験は生まれ変わりと直接関係ないようにみえる。

けれども、生まれ変わるということは、人が死んだ後も、いわゆる〝霊魂〟の状態で存在することを意味する。前世で死んでから生まれ変わるまでの間は、〝霊魂〟の状態で存在し、その後、次の人生に生まれ変わると考えられる。しかし、その〝霊魂〟の状態がどういう状態なのか、スティーヴンソン博士の研究ではよくわからないのだ。

臨死体験という〝事実〟の中に、ヒントはないだろうか。

臨死体験は、日本でも、以前に、テレビなどでよく取り上げられたので、その特徴をあえて言う必要はないかもしれないが、おおまかに言うと次のようなものだ。

　気がついてみると、〝自分〟が肉体から離れており、上のほうから自分の肉体を見下ろしている。手術室の光景が見えたり、担当医が「死んだ」と言っている言葉が聞こえたりする。それも、現実の出来事のように、明確にはっきりと見えたり聞こえたりする。そして、「自分は死んだんだ」という感じがする。穏やかな、安らぐような感情がある。

　それに続いて、言葉では表現しにくいけれど、自分が生きてきた人生の状況が走馬灯のように一度によみがえってくる。暗いトンネルのような所を抜ける。その後、明るい光に包まれた所へ行く。天国のような、この世を超えた世界へ行く。他の霊のような別の存在に出会う。また、体験中の時間経過が、生きていた時と違うように感じられる。その後、肉体に戻ってくる(23)。

　もちろん、体験者全員が、これらすべてを判で押したように体験するのではない。しかし、例えば、『「あの世」からの帰還』の著者、マイクル・B・セイボム博士は、「〝自分〟が肉体から離れて上のほうに浮かんでいること」、「穏やかな、安らぐような感情」、「時間を超越したような感覚」は、調査した臨死体験者全員で確認している。また、「感覚がはっきりしており、まわりの状況が見えたり聞こえたりすること」も、ほぼ全員で確認している(24)。

また、セイボム博士は、病院で臨死状態から生き返った患者を調べ、臨死体験の存在を知らなかった七十八名のうち、三十四名(四三%)が臨死体験したことを確認している。一人の人間が何度か臨死体験をした場合もあり、延べで言えば、二七%の発生率だった。つまり、かなり普通に見られる体験ということになる(25)。

臨死体験というのも、客観的な〝事実〟ではないことは言うまでもない。第三者の目に見えるような形で再現することは、できない現象なのだ。だから、どういう体験であったか、体験者に説明してもらわないとわからない。そこで、「こんな感じ」とか「こんな感覚」という言い方になるのだが、体験者は、ほとんどが、「現実の出来事のようにはっきりした体験」だったと主張している。臨死体験者の中には、幻覚などの経験者もいたが、「臨死体験の感覚は幻覚の感覚とはちがう」とも言っている。

しかし、「臨死体験の内容を言うと、精神異常か何かだと医者に思われるのがいやなので、自分からは言いたくない」という人も多かったようである。

すべてが主観的な体験だが、それぞれの体験には共通性がある。多少の差はあっても、基本部分は同じだ。ということは、そういう体験を生み出す何かがあるのではないかと推測できる。体験者の空想や妄想ならば、体験の内容がそんなに共通することはない。だからこそ、一九七〇年代にアメリカで臨死体験の事実が紹介されたときに、単なる妄想で片づけていいものではないと注目されたわけだ。

臨死体験者で、特に興味深いのが、「人生に対して前向きに生きるようになること」である。

一見、これは矛盾しているようにも見える。というのは、「生まれ変わりがある」とか、「今の人生の後にも来世がある」という考えは、この人生が気に入らないものであれば、「人生をリセットできる」という発想が生まれる可能性を持っているからだ。その結果、今の人生に向き合う気持ちがうすらいで、自殺者が増えることにつながるのではないか。

この意見は実にもっともらしく聞こえるが、実際に臨死体験者の例をみると、そうとは言えないのである。

例えば、自殺未遂で臨死体験を経験した人は、自殺願望が事実上消えてしまったり、軽くなったりする(26)。

臨死体験というのは、いわば、穏やかで心安らぐ、天国のような状態を体験するものだ。その反対の、地獄のような体験というのはほとんどない(27)。

天国のような〝来世〟を経験したのならば、この人生にもっと嫌気がさして、「早く死にたい」と言って自殺するようになる、と思えるだろう。ところが、実際には、その反対の現象が起きているのだ。つまり、〝来世〟の存在を暗示するような臨死体験をした人は、その後、自殺しようと思わなくなるのである。

臨死体験は〝現実〟か、それとも幻覚か？

さて、臨死体験の一番肝心なポイントは、「臨死体験が〝現実〟の体験なのか、それとも、夢や幻覚の類なのか」という点である。「体験者の〝意識〟が本当に肉体を離れて存在したのか」ということである。

体験した人にとっては、まさにそう感じられる。それが事実ならば、肉体は死んでも、〝意識〟は霊魂として残ることになる。

それに対して、「臨死体験は幻覚の類ではないか」という見方もある。その見方に立って、臨死体験について多くの仮説が提唱されている。例えば次のようなものだ。

・二酸化炭素の過剰によって起こる現象ではないか。
・肉体のストレスが原因で起こる現象ではないか。
・脳内麻薬であるエンドルフィンによって起こる現象ではないか。
・潜在意識の願望によるものではないか。
・精神病的な幻覚ではないか。等々 (28)。

しかし、これらの仮説で問題なのは、「臨死体験を起こす状態が幻覚を見やすい状態であることを、いかに説明するか」で終わってしまっている点である。「肉体的に幻覚を見やすい状態で起こった現象だから、それは幻覚の類なのだ」という解釈で片づけていて、肝心な点を説明できてないのだ。「幻覚の類ではないか」という解釈では、つじつまが合わない点が見受けられる。例えば、体験者は、「通常見えるはずがない」手術風景が見えたりしている。これは幻覚という解釈では説明できない。

言うまでもなく、臨死体験をしているときの体験者というのは、死の瀬戸際にあり、意識不明である。いわば「ものが見えるはずがない」状態にある。

セイボム博士は、「もっとも深い臨死体験」として、次のような例を報告している。脳手術の最中に臨死体験をしたパム・レイノルズという女性の事例だ。

この女性は、手術中に、血液も呼吸も心拍も脳波も、あらゆる生命の兆候が「死んだ」状態になった。体温は一五・六℃まで下がり、血液さえ体から抜き取られた状態で、臨死体験をした(29)。つまり、脳から血液が抜き取られ、脳が活動していない状態で臨死体験をしたわけだ。

「ものが見えず、脳が活動していない」のであれば、通常の方法で自分の手術の時の状況を知るには、後で誰かに聞くか、推測でものを言うしかない。

実は、心臓専門医であったセイボム博士は、当初は臨死体験に懐疑的であった。臨死体験者は、意識だけが体から抜け出して、医師が自分を生き返らせようとする光景を上から見下ろしていたと言うけれども、それは「単なる知識に基づく推測」——つまり、見たような気がしたというだけの作り話であり、医師としての経験と知識で、専門的な点を細かく追究していけば、「ぼろが出るはずだ」と思っていた(30)。

そこで、臨死状態を経験した人のうち、どれだけの人が臨死体験したかを調べ、その体験を比較検討してみた。その結果、「知識に基づく推測」などとは考えにくく、体験者が、「実際に〝体外から〟自分の状態を見ていた」とする以外の可能性は成立しにくいと結論づけている。

詳しくは、セイボム博士の著書をお読みいただきたいが、かいつまんでいうと、次のようになる(31)。

①一般的知識からの推測で、臨死体験が描写できるものかどうかを、比較対象をおいて検討した。その結果、一般的知識からの推測のみで、臨死体験の描写ができるとは思えない。

②患者によって処置の内容が違う場合がある。しかし、臨死体験者の話は、細かい部分にいたるまで、それぞれの処置の内容と一致する。つまり、単なる推測では描写できない内容である。また、生き返った直後に話し始めたりする場合もある。だから、後で医師や関係者が体験者本人に教えたという可能性も考えにくい。

③臨死体験者の話は、例えば「(体の)あのあたりに注射していた」とかいう、目で見た光景を描写するものであり、音や会話など耳で聞いた内容に基づくものではない。したがって、麻酔状態で聞いた医師の会話などから出来事のイメージを作り上げてしまったという可能性も考えにくい。

④医師の処置の多くは、体験者の視野の外の出来事であり、その光景は、〝肉体の目〟では見えないはずの光景であることが多い。中には、自分の顔が向いていない方向に立っていて、普通ならわかるはずのない家族の顔を見分けた臨死体験者もいる。

このような点からみると、臨死体験は、幻覚などではなく〝現実の体験〟だとしか思えない。〝現実の体験〟とは、〝意識が肉体の外に脱け出て見た体験〟という意味である。そして、〝意識が肉体の外に脱け出る〟のならば、それは、人間が、〝霊魂〟のような状態で存在できるということになる。

ただ、臨死体験者の中には、実際に〝起こってない光景〟を見たという事例もある。例えば、次のようなものだ。

『病室での手術の時に、体は病室で寝ていた。しかし、〝浮かんだ自分〟が見たのは、妻の実家の部屋に横たわった肉体であった。さらに、妻と義母が自分の体に取りすがって泣いている光景が見えたのに、実際につきそってくれていたのは兄であった』(32)

こういう例があるので、ややこしくなる。「実際に見た」とは推論できるが、「見たものすべてが実際の姿ではない」ということなのか。

これに関係しているかもしれないことを、ケネス・リング博士は次のように述べている。

『臨死体験の中で、人は縁者に会うか、〝ある存在〟に会うかどちらかであって、両方ではない』(33)。

臨死体験中に、「死んだ自分の家族や、光に包まれた〝霊のような存在〟に会った」という体験者は多数いる。しかし、リング博士によれば、その両方に会った体験者はほとんどいない。

これは、どういうことか。

例えば、次のような可能性が推測できる。

臨死体験者の〝意識〟は、何か〝他の存在〟に会っている。体験者がどう受けとるにせよ、「〝他の存在〟に会った」という〝基本的事実〟は変わらない。しかし、「見たもののすべてをそのとおりに受けとるのではない」。だから、その〝他の存在〟を、ある人は〝死んだ家族〟と受けとり、ある人は〝光のような存在〟と受けとる。そういう可能性だ。

似たような現象は次節にも出てくるので、そこでもう少し詳しく述べよう。

第5節　体外離脱体験

臨死体験と似た現象に、〝体外離脱体験〟がある。

体外離脱体験というのは、〝意識が肉体から脱け出た状態〟を体験することである。いわば、〝霊魂〟のような状態を体験するわけだ。裏返せば、臨死体験も実は一種の体外離脱体験だと言えるだろう。

では、そういった〝意識が肉体の外に脱け出す体験〟は、臨死状態でしか起きないのだろうか。

臨死体験とは、死の淵まで行った人に限定して起こる現象である。

それなら、人為的に臨死状態と同じ条件を起こせば、同じ体験を起こせるかもしれない。そうやって、〝実験的に再現〟はできないのだろうか。そこで、意図的に心停止を起こし、臨死体験が起こるかどうか実験した例もいくつかある。しかし、そういう意図的な実験によって臨死体験が起こったという報告はいまのところない(34)。

では、臨死状態でない体外離脱体験を経験することはできないのか。

そのことに関して、最近知られてきたのが、アメリカのモンロー研究所の「ヘミシンク(Hemi-Sync)」技術による体験である。

モンロー研究所というのは、アメリカ人のロバート・A・モンロー(一九一五年～一九九五年)という人が、たまたま体外離脱を体験したことがきっかけで、一九七一年に設立したもので、ヘミシンクというのは、脳半球同調システムともいい、モンロー研究所で開発された技術のことである。これは、人にある音のパターンを聞かせて脳波の周波数をコントロールすることで、意識の状態を体外離脱などの状態(変性意識状態)に持っていける技術だそうだ(35)。

モンロー研究所では、現在ヘミシンクの体験プログラムが用意されており、数千人以上の人がそれを体験しているという。日本人でも、坂本政道氏などが体験し、その様子を「死後体験」その他の著書に著している。

私自身は、ヘミシンクを体験したわけではない。だから、その体験がどんなものか、具体的に説明できないし、そういう立場でもない。

そこで、ここでは、必要なことだけを述べるにとどめよう。

モンロー氏の体験や、ヘミシンクの体験内容を読むと、臨死体験と似かよっていることがわかる。

例えば、肉体から離れて空中に浮かび、自分の体を外から見ることができる。また、体を残して、他の場所に行ってみたりもする。ヴァージニアの家にいたのに、〝意識〟だけがニューヨークに行くという具合である。そして、そこの出来事を〝見たり〟〝聞いたり〟できる。さらに、〝他の存在〟と遭遇し、意思の疎通をはかったりしている(36)。

なぜそういうことができるのか。臨死体験は、死に瀕した状態の体験だから、たまたま起こる。ところが、いつでも何度でも体験できるのなら、体験を繰り返して、「こういうことはできるのだろうか」と試すことができる。最初はよくわからなかったことを、より詳しくとらえられるわけだ。モンロー氏は、体外離脱を千回以上も経験したという(37)。

このヘミシンクの体験について、モンロー氏は、「臨死体験と同じような体験」と言っている(38)。つまり、「臨死体験を技術の力で誰でもできる体験にした」ということになる。

科学の歴史の中で、技術は人間の通常の感覚でとらえられなかった現象をとらえられるようにしてきた。わかりやすい例が、望遠鏡や顕微鏡である。そういう道具を発明することで、肉眼では見えないものを見えるようにした。その結果、人間が観察し、確かめることのできる範囲が広がった。いわば、技術の発達のおかげで、自然現象をより広く観察できるようになり、科学の飛躍につながったわけだ。そういう例は、枚挙にいとまがない。

ヘミシンク技術も、それと同じように、科学の新しい扉を開くものと考えてよいのだろうか。

ヘミシンクによる体外離脱は、「ある程度だれでも体験できる」「繰り返し体験できる」という点で、「再現性に近づいた」と言えるかもしれない。

ただ、ヘミシンクで体外離脱を体験するにも、かなり個人差があるようで、ある程度の練習が必要であり、実際には「すぐに誰でも」というわけにはいかないようだ(39)。

それに、「誰でも体験できる」といっても、体験できるのは、あくまで「本人」だけになる。体験した内容を、そのまま第三者に見せることはできない。いわば「その人にしかわからない」体験だ。この点が、やはり一番の問題として残っている。

〝体外離脱した意識〟には、ほかに、次のような特徴があるそうだ。

壁などの物体を通り抜ける。遭遇する人は自分に気づかない(ただし、遭遇するのが幽霊なら自分に気づく)。一度離脱すると、肉体のことはほとんど感じられない。しかし、肉体のことを考えただけで一瞬に肉体へ戻る(40)。

さらに、体外離脱状態で物体にさわることもできる。その状態で他人をつねって、驚かせ、その体にあざを残したりしている(41)。

こうした行為が可能ならば、当事者同士であれば、〝体外離脱現象〟をある程度確かめあえると思える。

ただし、臨死体験の節で説明したように、「現実と違う体験をすること」も、やはりある。体験中に見たものが、「現実と微妙に異なる」のだ。

その様子について、次のように坂本政道氏は述べている。

『気がつくと、自宅の二階の階段を上がったところにいた。なぜか宅急便の不在連絡票が二枚、階段のところに置いてあるのが見える。

一階に移動する。リビング・ルーム内、家内がソファーに横になっているのが見える。ただ、ソファーは窓の下にある。いつもとは別のところにあるのだ。家内は、子どもの制服を扱っている店のシールをはったカードについて、子どもと話している。

（『死後体験Ⅲ』から一部修正）

自宅内の様子が見えるのだが、現実とは微妙に違う。まったく違うのではなく、些細な部分が異なっている。例えば、この例ではソファーの位置や、宅急便の不在票の置かれている位置である。

これと同様に、体脱中に自宅に帰ってくると、家具の配置が違っていたり、現実にはないものがあったりする、という体験が多い。

こういった体験は私に限られたものではない。実は多くの体外離脱体験者が、現実世界と微妙に異なる世界へ行った体験を持つ』（42）

つまり、「〝基本的事実〟は合っているのだが、細かなところが違う」ということだ。

なぜ、こういうことが起こるのか。坂本氏は、『見たものを把握するときに、体験者の想像が紛れ込むため』だろうと述べている。そのために、現実と少し異なる光景が見えるのだという。臨死体験の場合も似たケースがあったが、体験者の文化的要因や宗教的なイメージによって、見たものが微妙に異なるということなのだろうか。

ただ、こういうことがあるのであれば、体験が本当に〝事実〟なのか、それとも夢や幻覚なのか、わかりにくくなる。どこからどこまでが確固とした事実なのかわからなくなるのだ。

第6節　根拠となる〝事実〟をまとめると――

いかがであろうか。

科学的に「生まれ変わりがある」とか「霊魂がある」と推論するためには、まず、根拠となる〝事実〟が必要だ。そこで、ここまではそういう〝事実〟に焦点をあてて見てきた。

このような〝事実〟に基づいて推論するならば、生まれ変わりや霊魂もあるらしい。少なくとも、根拠のない迷信だと片づけられるようなものではないことは明らかだろう。

特に、「前世を記憶する子どもの事例」は、スティーヴンソン博士の著書などを検討すると、「生まれ変わりがある」と推論するのがもっとも〝合理的〟である。生まれ変わり以外の解釈で説明することこそ、〝非合理的〟だと思えるのだ。

ただ、二千五百例以上という事例のすべてが前世の記憶によるものだとしても、地球上の全人口と比べると、きわめてわずかである。

本当はもっとあるのかもしれないが、親が気にとめないまま忘れられてしまうものがあるのかもしれない。

日本でも、そういう事例がある。

赤ちゃんがお母さんのおなかの中にいたときの胎内記憶の研究者でもある産婦人科

医の池川明博士は、調べるうちに、子どもが前世の記憶を持っている事例もあることを報告している。博士の事例では、この世に生まれてくる前の状態を覚えている子どももいて、空の上から親を選んで生まれてくるそうだ。これは、前世で死んでから現世に生まれてくる間の、「中間生」と呼ばれる期間のことらしい（43）。

「前世がある」と、広く世間に認められるようになれば、そういう報告は、もっと増えていくのかもしれないが、それにしてもごく一部の人にみられる現象であることには間違いない。そもそも、だれもかれもが前世の記憶を持っているなら、〝生まれ変わる〟というのは当たり前のことであり、問題にもならなかったはずだ。

では、なぜ、これだけなのか。

気になるのは、スティーヴンソン博士の研究では、前世で、非業の死や突然死をした事例が多いことだ。さらに、前世の死から約一年あまりで現世に生まれ変わってきている。また、虐殺されたユダヤ人の記憶を持つ人の多くは、数年から十数年のうちに現世に生まれ変わってきている。

もしそうであるなら、老衰など自然死をした人は、前世の記憶を持ちにくいということなのか。また、通常は、生まれ変わるまでの間隔がもっと長く、そのために前世のことを思い出しにくいということなのだろうか。

催眠による前世療法で呼び起こされる前世にも、悲惨なものが多い。前世療法そのものが、精神的な症状に悩む患者が受けるものなので、そのためだろうか。それとも、悲惨な前世であったがために、前世を思い出しやすいとか、〝来世〟で精神的症状を起こしやすいというようなことなのか。

それはそれとして、この章で紹介した事例のほとんどは、発表されてから数十年が経過し、ある程度知れわたっているものである。にもかかわらず、これらの〝事実〟によって、生まれ変わりや霊魂の存在が科学的に広く認められているとは言いがたい。

では、なぜ認められないのか。

その理由を考えてみると、まず、「生まれ変わりがある」という説は、その影響があまりに大きいことがあげられる。「生まれ変わりがある」と認めることは、「霊魂がある」と認めることになる。これは、従来の常識を完全に変えてしまう。そういう主張をして間違っていたら、信用を失ってしまう。だから、学者は慎重にならざるを得なくなる。加えて、再現性の問題がある。

　スティーヴンソン博士の研究の事例でも説明したが、ここで紹介した〝事実〟は、記憶という〝頭の中の現象〟であったり、主観的な体験であったりして、どれも確かめるのがやっかいである。当人に直接会わなければ確かめにくい、あるいは、自分で体験しなければわからない。そこまでなくても、記録を読まねばわからない。「一目瞭然」というわけにはいかない現象である。だから、認められるのが難しくなる。

　ただ、「生まれ変わり現象に再現性がない」というのは、研究方法や研究者のせいではなく、〝事実〟の性質の問題だ。自然現象という〝事実〟には、いわゆる再現性があるものとないものとがある。〝確かめやすい事実〟と、〝確かめにくい事実〟とがある。そういう現象なのだということだ。

　ただ、そうすると、結果として、よけい慎重にならざるを得なくなる。

　ただし、一方で、この種の問題には、「慎重さ」という以上に、いわば「頑迷さ」が、科学者など一般の側にあるようなのだ。それは、「死後も霊魂のようなかたちで意識が残る」とか「生まれ変わる」とかいうことは、「あるはずがない」「ありえない」と考えられていることである。

カリフォルニア大学のチャールズ・タート博士は、体外離脱体験について、次のように述べている。

『科学者は、一般的にこういった現象には何の興味も示さない。この状況は超感覚的知覚（ＥＳＰ）に関する科学的文献の場合と似かよっている。テレパシー・透視・予知・念力といった現象は、現代の物理的世界観から言えば「不可能」である。起こりえないことだから、起こることを示す証拠をわざわざ読もうとする科学者はほとんどいない。そうした証拠を読まないから、これらの現象への不可能性への信念はますます強まる。自分に心地よい信念を支えるこの種の循環論法は、決して科学者に独特のものではないが、結果として、超感覚的知覚や体外離脱体験の科学的研究はまったくといっていいほどなされてこなかった』(44)

このように、生まれ変わりや体外離脱という現象は、「あるはずがない」と思われているから、そういう現象や事実を示す記録などをわざわざ読もうという学者はほとんどいない。そして、そうした記録を読まないから、どの程度の事実があるのかを把握することも、確かめてみようとすることもない。確かめるのに手間と労力がかかるから、なおさらである。その結果、こうした分野の研究は、少しも進歩しないということになるのだ。

そうすると、「生まれ変わりがある」と言えるためには、「そういう事例があること」に焦点をあてるだけでは不充分である。「あるはずがない」という考えが、本当に確かなものなのかというところまで検討しなければ充分とは言えないのだ。

第三章

宗教的アプローチ

前章では、「生まれ変わりがある」という根拠を、いわゆる「科学的な視点」からみてきた。しかし、生まれ変わりが宗教や思想と深く結びついていることは言うまでもない。そこで、今度はその方向からアプローチしてみよう。

第1節　なぜ「来世」という見方があるのだろう？

古代の思想や宗教では、一般に「来世はある」という見方が大半であった。逆にいえば、「肉体の死とともに、人は無になる」という見方のほうが少数派であった。具体的な内容はともかく、「肉体が死んだ後も、魂か何かが、何らかの形で残る」というとらえ方が主流だったのだ。

「魂は肉体とともに死ぬ」と唱えたのは、ギリシャの快楽主義者エピクロス（紀元前三四一年～紀元前二七〇年）だが、他の人間にはあまり見られない(1)。死んだ後も何らかの来世を想定する宗教や思想のほうが、圧倒的に多い。

これは、なぜだろうか。

「宗教が何らかの来世を想定するのは、当たり前じゃないか」と言われるかもしれない。けれども、当たり前の五感に従えば、「肉体は、死後、朽ちてなくなってしまう」としかとらえようがない。ならば、「人は死後、無になる」という見方が主流になるのがむしろ当然ではないかとも言えるわけだ。ところが、そういう見方は、人類の歴史においては、むしろ少数派なのである。

もちろん、それは、「死の悲しみから逃れたい」とか、「死後も何らかの形で生が続いてほしい」という願望や想像からきたものだ、という解釈は可能である。それで片づけてしまうのはやさしい。

しかし、前章で紹介したような、前世の記憶や体外離脱体験は、もしそれが〝事実〟であるならば、「そういう体験は昔からあった」と考えるのが自然である。

とすれば、そういうところから、死後も魂か何かが残るという見方が主流になっていたとは言えないか。

では、古代の宗教や思想の中で、「人が生まれ変わる」というのは、実際にどの程度あるのだろうか。

古代メソポタミアやエジプトでの死後のとらえ方は、ひと言でいってしまうのはやや乱暴だが、「冥界」という「死後の世界」を想定したものだ。しかし、その「世界」は、「ずっと死者がそこに住む国」であって、もう一度「この世」にもどって来ないというのが一般的だったようだ（2）。このような「死後の世界」のイメージは、古事記に出てくる「黄泉《よみ》の国」のような、古代日本の死後のとらえ方とよく似ている。

古代ギリシャでは、すでに説明したように、霊魂のようなものを「プシケー」とよんでいた。けれども、エピクロスのように、「死ぬと同時に霊魂も存在しなくなる」と考える学者もいた。また、「黄泉の国」のような「死後の世界」という見方は、ギリシャにもあった。

その中で、生まれ変わりを唱えたのは、三平方の定理で有名なピュタゴラス（紀元前六世紀に活動）や、エンペドクレス（紀元前五世紀に活動）である。ピュタゴラスは、生まれ変わりを信じており、弟子にもそれを教えていた。それだけでなく、自分の前世を記憶しており、「前世で自分が誰であったか」を明らかにしていたらしい（3）。

ギリシャの代表的な哲学者であるプラトン（紀元前四二七年〜紀元前三四七年）も、魂や生まれ変わりについて描写している。

例えば、「パイドン」というプラトンの著作は、死刑を宣告されたソクラテス（紀元前四六九年頃〜紀元前三九九年）が、毒を飲んで死んだときの様子を、パイドンという名前のソクラテスの友人が語った内容である。それを読むと、ソクラテスは、「死んだ後、魂が肉体から脱け出し、生まれ変わる」と語っている（4）。「国家」という著作でも、ソクラテスは、「人が生まれ変わる」ことや、「動物に生まれ変わることもある」という内容を語っている（5）。ソクラテスは、自分で書いたものを残してないので、ソクラテス本人がそう考えていたとは必ずしも断言できない。けれども、プラトンが生まれ変わりを信じていたのは確かなようだ。

三世紀には、メソポタミアに、マニ（二一六年〜二七六年）が唱えたマニ教という宗教が生まれた。京都大学の吉田豊教授によれば、マニ教の死後のあり方は、「天国に行くか」「地獄に行くか」「再度人間に生まれるか」の三種類であった（6）。

イスラム教でも、シーア派の中のドゥルーズ派のように、生まれ変わりの教義を持っている一派がある（7）。

キリスト教でも、四世紀頃までは、生まれ変わりが認められていたらしい（8）。また、中世のキリスト教でも、カタリ派という一派は、生まれ変わりを認めていた。カタリ派は、十二世紀から十三世紀にかけて、ヨーロッパ南部、イタリア北部からフランス南部を中心に起こった宗派である。しかし、異端とされ、教会から迫害を受けて十三世紀にほぼ消滅した。その信者は異端者として、ほとんど虐殺に近い扱いを受けている。ただ、その記録は、あまり残っていない。生まれ変わりという考え方は、キリスト教会の教義と相いれないものだったようだ（9）。

以上のような生まれ変わり信仰は、あるいは一部の地域から広まった可能性もある。しかし、スティーヴンソン博士は、イヌイットやアメリカ・インディアンにも生まれ変わり信仰が見られることを調査し、「単に一部の地域から広まったというだけでは説明できない」としている（10）。

中国ではどうか。

バークレイ神学大学院のジュディス・A・バーリング博士は、次のように述べている。『太古の時代からずっと、中国の人々は二つの異なった種類の霊魂があると考えてきた。一つは〝魂《こん》〟もう一つは〝魄《はく》〟と呼ばれている。魂《こん》は、子孫が死者の記念として大切に祭る位牌の中に住む霊魂である。しかし魂は、最後にはそれがもとあった場所、すなわち〝天〟あるいは天上の〝霊〟に帰っていくと考えられている。他方、魄《はく》は墓の中に住まう霊魂であり、死や死体の腐敗とともに土に帰っていく。（中略）こうした（二つの）霊魂は肉体のうちに宿り、それに生気を与えている。それらは肉体の中にある意識、あるいは生命力である。死や死に似た体験（睡眠や昏睡状態）においては、魂は〝息〟の形で肉体から離れ、自由に方々をさまよう』（11）

最後のところの記述は、体外離脱体験のことをいっているようにも思える。

中国でも、生まれ変わりの考えはある。しかし、そこは、仏教など外から伝わった宗教の影響を抜きに論じることはできないだろう。

第2節　仏教の〝生まれ変わり〟の考え方

ではここで、仏教の生まれ変わりについて考えてみよう。

よく知られているように、生まれ変わりが広く信じられている地域は、インドとその周辺地域である。それは輪廻転生として信仰されている。ヒンズー教、その母体であるバラモン教、仏教など、インドには、輪廻転生の思想があると言われている。

では、その輪廻の思想は、みな同じなのだろうか。

それに、輪廻転生は、本当に仏教の教えなのか。

というのは、日本のお坊さんの中には、霊魂を否定する人もいるからだ。霊魂がないのであれば、「死後は無になる」わけであり、輪廻転生は成り立たない。

果たして、輪廻転生は仏教の教えなのか。まず、そこからアプローチしてみよう。

それを明らかにしていくうちに、仏教以外の輪廻転生に対する考え方も浮かび上がってくるだろう。

お坊さんは何のためにいるのか？

実は、私が非常に奇異に感じていることがある。それは、「日本のお坊さんに、霊魂を否定する人がいる」ということだ。お坊さんでなくても、仏教の解説書にもそういうものがある。そこまでいかなくても、「死後のことなど考えないのが仏教者の正しい態度だ」というような考え方が目につくこともある。

なぜ、それを奇異に感じるのか。

お坊さんの一番の仕事は何か。それは「お葬式でお経を唱えること」だ。

では、なぜ、お経を唱えるのか。故人の冥福、いわば〝来世の幸福〟を祈って唱えるのである。

もし、霊魂がなく、死んだら無であるなら、お葬式は、「故人の死を社会に知らせて、別れを惜しむ」という意味しかなくなる。それだけなら、お坊さんのお経などいらなくなってしまうのだ。

お経というのは、本来、〝死んだ人〟のためだけのものではない。けれども、お葬式でお経を読むのは、〝死んだ人〟のためである。ということは、死者のことを考え、死後のことを考えるから、お坊さんはお経を唱えているはずである。

お坊さんというのは、〝人の生き死に〟について考えるのが仕事のはずである。いわば、〝人の生死〟に関わるプロともいうべき職業といえる。だからこそ、人が死んだ時、そういうプロに来てもらってお経を唱えてもらうのではないのだろうか。

〝人の生き死に〟についてのプロが、「死後のことなど考えない」のでは、お話にならない。それでは、お坊さんなどいらなくなってしまう。

「霊魂などない」とか「死後のことを考えない」とか言うのは、釈迦（紀元前五世紀頃活動）の教えがそうだったというところからきている。仏教というのは釈迦の教えなのだから、そこが一番の基本だろう。

では、本当に、釈迦は霊魂を否定し、輪廻転生を否定したのか。

もし、本当に釈迦が霊魂を否定したとなると、日本の仏教宗派にとってはゆゆしき問題となる。

例えば、浄土宗や浄土真宗の教えの基本が、「南無阿弥陀仏と唱えれば極楽浄土に行ける」ことなのは、言うまでもない。「霊魂がなく、死後の世界もない」とすれば、「浄土もない」ということであり、浄土宗や浄土真宗は間違った教えになってしまうのだ。

単に浄土の問題だけではない。「死後のことを考えない」のならば、「お葬式でお坊さんはいらない」のであり、お坊さんの仕事はなくなってしまう。お坊さんというのは、何らかの宗派に属しているのだから、結局、その宗派はつぶれてしまうことにもなりかねない。もちろん、それは極論だけれども、将来的にはそうなってしまう可能性もある。

それが、これまでそうならなかったのは、お葬式が伝統的な風習になっているからだ。「その家の宗派のやり方で、昔からお葬式をやってきた。だから、それにならってやらないと、気になるし、世間体が悪い。人からいろいろ言われるかもしれない」というような理由で、従来のお葬式のやり方がこれまで続いてきたわけである。

日本は仏教国だと言われたりするけれど、世間一般の人は、仏教の教えをそんなにつきつめて考えているわけではない。だから、仏教の教えで救われるかどうかなんて期待していないし、おかしなところがあってもあまり気にしない。お葬式の意味も深く考えているわけではない。それが現実だったのではないだろうか。

けれども、例えば二〇〇五年の東京都の葬祭場の実績では、すでに十人のうち二人は、無宗教で葬式をすませている(12)。いや、読売新聞の調査結果では、「自分が死んでも葬式をしなくていい」と考えている人が、首都圏ではすでに三四%もいるという(13)。意味のない風習なら、いつまでも続いていくとは思えない。

それに、お坊さんの側だって、やりがいを持てないような仕事では、お坊さんを志す人がどんどん減っていくことになるだろう。これから世代交代が進むにつれて、「葬式も仏教宗派もどんどん衰退していく」ことにはならないのか。

以上は、「釈迦が霊魂や輪廻転生を否定したとすれば」の話である。

実は、これは、とんでもない話なのだ。

そもそも仏教とは、「人がいかにして〝仏〟になるか」という教えである。〝仏〟といっても、死んだ人のことではない。日本では、「死後の成仏」つまり「死んだ後に仏になる」ということを言うあまり、死んだ人や先祖のことを〝仏〟と呼んでいるが、もともと、〝仏〟とは〝仏陀〟のことだ。

釈迦は、修行を積んで〝仏陀〟という、いわば最高の存在になった。それゆえ、「人がいかにして仏陀という存在になるのか」が仏教の教えであり、目標とするところとなっている。

人が仏陀になることを、〝成仏〟という。「浄土に行く」というのも、〝仏〟になって安らかな世界に行くことをわかりやすく表現したものといえるだろう。

では、〝仏陀〟とは何か。

いろいろとらえ方があるけれど、ひと言でいえば、輪廻転生から脱け出した存在のことだ。

輪廻転生というのは、仏教の専売特許ではない。もともと、釈迦の生きていた以前から、インドには輪廻転生の思想があった。輪廻は、いわゆる〝因果応報〟の思想と深く結びついている。〝因果応報〟とは、わかりやすくいえば「自分のやった行為の報いが自分にかえってくる」ということだ。輪廻転生とのかかわりでいうと、前世の行為によって現世の状態が決まり、現世の行為の善悪によって来世の状態が決まる、ということになる。例えば、今世で人を殺せば、来世は殺されるという人生を送らなければならない。

〝仏陀〟とは、そうした苦しみのもとである因果に縛られた存在から解脱し、輪廻を脱け出した人のことをいう(14)。

仏教では、「どんな人でも〝仏〟という最高の存在になることができる」と考える。そこに救いがあるわけだ。例えば、浄土の教えでは、「南無阿弥陀仏と唱えれば、凡夫でも悪人でも、浄土に行って救われる」わけだから、日本の多くの民衆を救おうと考えて、法然も親鸞も、鎌倉時代に浄土の教えを広めたのである。

このように、「人はもともと輪廻転生する」ということが、仏教の〝前提〟になっているのである。どうやって救われるかとか、なぜ仏道を修行するかといった元のところが輪廻転生なのだ。

ところが、「輪廻転生はない。前世も来世もない」「死んだらすべて終わり」とすれば、「仏もない」「救いもない」「浄土もない」ということになってしまって、仏教の教えは成り立たなくなる。また、「考えるべきではない」という場合も同じことだ。こんなおかしな話はないと言わねばならない。

釈迦は、本当のところどう言ったのか。大切なのはそこである。

「毒矢のたとえ」

「釈迦は、死後のことを考えるべきでないと言った」という根拠として、必ず引き合いに出されるお経がある。いわゆる「毒矢のたとえ」だ。

これは、中阿含経というお経の中の、「箭喩経《せんゆきょう》」というお経である。

どんな内容かというと、次のようなものだ。

『「世界は永遠であるのかそうでないのか」「世界は有限であるのか無限であるのか」「生命と身体とは同一なのか異なるのか」「如来は死後存在するのか存在しないのか」

マールンキャプッタという弟子は、釈迦がそれらの疑問に一向に答えてくれないのが、おもしろくなかった。そこで、「釈迦は答えるのを拒否している。どうしても答えてくれないのなら、修行をやめて還俗する」と言って、釈迦にどうなのかたずねた。

すると、釈迦は、次のように言った。「自分のもとで修行すれば、それらの疑問に答えると約束しているわけでもないのに、誰が何を拒否するのか。愚か者よ」「それらの答えを説かないうちは、修行しないという人がおれば、その人はそれが説かれないうちに、死んでしまうであろう」そして、次のような「毒矢のたとえ」を説いた。

例えば、毒矢に射られた人がいるとする。そして、友人がその人を助けようとしたとする。しかし、もしその人が、「この矢を射たのは誰か」「この矢の材料は何か」などのことがわからないうちは、矢を抜かないと言ったならば、その人はそれを知らないうちに死んでしまうであろう。

それと同じである。

「世界が永遠であるかないか」などにかかわりなく、生老病死の苦しみや悩みがある。私は、現実にこれらを制圧することを説く。

そのゆえマールンキャプッタよ、私が説かなかったことは、説かなかったこととして了解しなさい。私が説いたことは、説いたこととして了解しなさい。なぜ、私が、「世界が永遠であるかどうか」などのことを説かなかったか。なぜなら、このことは

目的にかなわず、修行の基礎とならず、平静な心、すぐれた智慧、正しいさとり、涅槃のために役立たないからである』⒂

以上、「箭喩経」の全文を載せて説明するのは、長くてわかりにくいので、春秋社の「原始仏典第五巻　中部経典Ⅱ」（中村元監修）から要約した。詳しく知りたいかたは、原文をお読みいただきたい。

これで果たして、「死後のことを考えないのが釈迦の教えだ」ということになるのだろうか。

そこを検討していくのだが、その前におことわりしておくことがある。それは、お経とは何か、という点だ。

お経とは、いうまでもなく、釈迦が言ったことや行ったことを書きとめたものだ。高校などで世界史を勉強した人なら、〝仏典結集〟という言葉をご存じだろう。

釈迦は、生前、自分でものを書いたりしなかった。だから、釈迦が死んだ直後に、弟子たちが集まって、釈迦が言った内容を確認し、書物に編纂した。それを〝仏典結集〟という。お経のことだ。

とりわけ、その中でも釈迦が死んだ直後の仏典結集で出来たお経が、〝阿含経〟である。それ以後も、結集は百年おきか、それ以上の間隔で何度か行われ、そのたびに新しいお経が作られた。日本では、阿含経は小乗仏教のお経としてしか扱われてこなかったけれど、「釈迦の教えを直接に伝えているものは阿含経だけ」というのが、仏教学のうえで明らかになっている⒃。

こうした経緯でつくられたため、当然のことながら、お経というのは、「ある時、釈迦が、どこそこで、誰それに対して、こういうことを言った」という書き方がされている。

ご存知のように、釈迦は、もともとゴータマ・シッダールタという名前の、インドの釈迦族の王子様である。そのため、もとのお経は、サンスクリット語やパーリ語という古代インドの言葉で伝わっている。それが、中国に伝わって漢訳され、日本に伝わってきた。だから、日本のお経は漢文になっている。漢訳の阿含経は二千あまりあって、長阿含経・中阿含経・雑阿含経・増一阿含経の四種類に分類されている⒄。

そして、「毒矢のたとえ」を説いたこの「箭喩経」は、中阿含経の中のお経である。

「毒矢のたとえ」の意味

以上をおさえたうえで、「毒矢のたとえ」をもう少し詳しくみてみよう。

まず、マールンキャプッタの質問の内容である。

最初の二つ、これはまあ、説明の必要はないだろう。「世界は永遠であるのかそうでないのか」「世界は有限であるのか無限であるのか」――そんなことは、人間の苦しみの解決にあまり関係ない。

問題は、あとの二つである。

「生命と身体とは同一であるか否か」「如来は、死後存在するか否か」――この二つは、死後の問題と関係がありそうだ。

そこで、まず、「生命と身体とは同一であるか否か」という質問である。

この〝生命〟という言葉は、もとのサンスクリット語で「ジーバ（jiva)」という。「ジーバ」とは、〝生命〟とも〝霊魂〟とも訳される(18)。

しかし、この「ジーバ」を、現在私たちが理解している〝霊魂〟と同一視すると、間違えるおそれがある。というのは、仏教では、〝霊魂と身体〟というような二元論で考えないからだ。

仏教には、「意生身（サンスクリットでmano-maya-kaya）」という言葉があるが、この「意生身」が、「心だけの身体」という意味で、まさに私たちが〝霊魂〟と理解するところの意味である。だから、この「ジーバ」は、日本語では、〝生命〟と理解するほうが当を得ているだろう。

そこで、「生命と身体とは同一であるか否か」という質問になるのだが、これは、〝生命〟をどうとらえるかによって答え方が違ってくる。〝生命〟を、〝現世で肉体をもって生きる存在〟とするなら、まさに生命と身体は同一である。生命とは、肉体をもって生きる存在だからだ。ところが、輪廻転生では、肉体が死んでからも何かが存在して来世を形づくるわけだから、その〝何か〟を生命とみなすなら、同一とはいえない。

さらに、その次の「如来は、死後存在するか否か」という質問である。

〝如来〟というのは、サンスクリット語では「タタギャター（tathagata）」といって、〝仏陀〟のことを指す(19)。

この質問をよく吟味してみると、「〝如来〟が死後存在するかどうか」を聞いているのであって、「〝人〟が死後存在するかどうか」を聞いているのではないことがわかる。中には、この部分を、「〝人〟が死後存在するかどうか」というふうに翻訳している例もあるが、やはり原文のまま、〝如来〟とするのが妥当だろう。

で、〝如来〟と訳すと、次のような意味に解釈できる。

普通の人が輪廻転生する、というのはすでにわかっている。ところが如来は、その輪廻を脱け出した存在である。ならば、そういう存在は、輪廻を脱け出しているわけだから、死後は存在しないかもしれない。

そういうことを聞いているわけだ。「死後の世界があるのかないのか」という質問とはちょっと違う。

そうなると、この質問に対して釈迦が答えた意味は、「死後のことは考えるべきではない」とはならない。

それにしても、なぜ釈迦は、これらの質問に答えなかったのか。問題はそこのところである。

実は、釈迦は、理論のための理論、知識のみによる解決というものを一貫して避けている。したがって、そういう質問に対しては答えないという態度（無記）をつらぬいている(20)。

国学院大学の宮元啓一教授は、「毒矢のたとえ」について、次のように説明している。『なすべきことは、すでにゴータマ・ブッダが示した道に従って修行に邁進し、煩悩という毒矢をただちに抜こうと懸命に努力することである。それと同じことで、果てることのない哲学的な水掛け論争に時間を費やすという愚を犯すことなく、修行に専念せよ、ということである。

一般には、この話は、よく、理屈、理論よりも、実践、修行が大切であることを説いたものだと解釈されることがある。

まるで当たっていないというわけでもないのであるが、しかし、この解釈は、いささか危うい面も併せ持っている。というのは、そうした解釈は、理論を極端に軽視する傾向を生み出しかねないからである。

ゴータマ・ブッダは理論を軽視しなかった。それどころか、むしろ、理屈をよく理解し、頭にしっかりと刻み込むことなしに、正しい修行は不可能だと、弟子たちに折に触れて力説している。（中略）ゴータマ・ブッダが不可としたのは、経験的な事実に即しない果てしない水掛け論争、理屈のための理屈にかかずらうことであった』(21)

　つまり、頭の中だけで考えてどうのこうの言うような、理論のための理論は、無益であるということだろう。

　逆に言えば、「経験的な事実に重きをおいて、それに基づく理論はしっかり理解せよ」ということになるのではないか。そして、そういう姿勢は、〝科学的考え方〟にも相通じているのである。

　さらに、「私が説かなかったことは、説かなかったこととして了解しなさい。私が説いたことは、説いたこととして了解しなさい」という釈迦の言葉である。これは、マールンキャプッタにとって、特に必要なことであったろうと思うのだ。

　というのは、マールンキャプッタは、自分が気にしていることに釈迦が答えてくれないので、おもしろくなかった。おそらく、マールンキャプッタは、哲学的な理屈っぽいことが好きで、そういうことが気になる性質だったとうかがえる。質問のしかた一つとってみても、観念的で理屈が先走っているように見える。哲学的であることがいけないというのではない。しかし、それが頭の中だけの理屈になってしまっては意味がない。それに、このマールンキャプッタは、「質問に答えてくれないのなら修行をやめる」と言っている。つまり、「言うことを聞いてくれないのなら、弟子なんかやめてやる」と言って、駄々をこねているのだ。

それに対して、釈迦はまず、面と向かって大声で叱りつける(22)。「おまえは、私が説明すると約束したから弟子になったわけではないだろう。それなのに、なぜやめるというのか。この愚か者よ」と。

そのうえで釈迦は、「毒矢のたとえ」を引き合いに出して、「そういう質問に対する説明がされないうちは(仏教の)教えを実践しないという人がおれば、その人は如来によってそれが説かれないうちに死んでしまうであろう」と言う。

私は、この「毒矢のたとえ」の意味は、〝読書〟のようなものではないかと思う。目の前に本があったとして、「その本に何が書いてあるのかがわかれば、その本を読みます。書いてあることがわからないのなら、その本は読みません」と言われた場合を考えてみてほしい。こんなことを言うのは、ちょっとばかげていることがすぐわかる。なぜ本を読むのか。それは、何が書いてあるかわからないから、わかろうとして読むのである。本に書いてあることがわかってしまったら、読む必要などないではないか。それと同じことである。

マールンキャプッタは、なぜ釈迦の弟子になって修行しているのか。それは、輪廻から解脱し、苦しみから脱け出して釈迦と同じような仏という存在になるためだ。そして、修行していく中で、生命のあり方や仏が死後どうなるかなどは、自然にわかってくるはずだ。一番肝心なのは、単に「こうなっているんだ」と言葉で説明されて、頭で理解するよりも、自分でつかんだものこそが本物だという点である。釈迦は、そこを言っていると思うのだ。そこにいたる道を、マールンキャプッタも歩んでいるのである。「毒矢にあたれば、矢をぬくことが大切」というのは、「まず修行することが大切」という意味だろう。それなのに、マールンキャプッタが理屈の世界にとらわれて、「答えてくれないなら修行をやめる」と言ったりするから、「何のために修行しているのか。今、おまえがやらないといけないのは、あれこれ考えることではなく、修行に励むことだろう」と、叱りつけているわけである。

また、「説かなかったことは、説かなかったこととして了解しなさい」と言うのも、マールンキャプッタが、あれこれ理屈の世界にとらわれて修行に身が入らない弟子であり、はては、「修行をやめる」と言ったりするからこその言葉なのである。マールンキャプッタの場合、理屈のための理屈、頭の中だけの理解におちいる傾向があったのではないだろうか。ひょっとすると、釈迦にとっては、「つべこべ言わずに、自分を信じてついてこい」と一喝する意味合いもあったのかもしれない。

すでに説明したように、お経というのは、釈迦が説いたことを弟子が書きとめたものである。その内容はといえば、多くが対話や問答である。その中で釈迦は、相手をみて、そのときそのときで必要なことを説いて教えている。釈迦の説法は、そのように相手に応じて教え導くように説いている。経典を読んでいくと、釈迦にはそういう教育者的側面が強かったことが浮かび上がってくる。弟子の心底から出てきたような疑問に対しては、いろいろなたとえをひいて、それこそ懇切丁寧に答えているのである。そういう相手に応じた説法を、対機説法という(23)。相手に応じて必要なことを説くというのは、相手によって、または状況によって、説く内容が変わったりすることを意味する。

このようにみてくると、「毒矢のたとえ」を、釈迦が「死後のことなど考えるべきでない」と言ったと解釈するのは早計に過ぎることがわかるであろう。ましてや、霊魂や輪廻の否定などでは決してない。

釈迦が霊魂を否定したとされる根拠は、必ずしも、この「毒矢のたとえ」だけではない。しかし、釈迦が「来世はない」とか「霊魂はない」とかはっきり明言している箇所はどこにもないのである。

その反対に、釈迦が生まれ変わりについて言っているお経がいくつもあるのだ。阿含経を読んでいくと、釈迦が「この弟子は、こういうところへ生まれていく」とか、「いつ、どのように生まれ変わっていく」と言っているお経が随所に出てくる。つまり、釈迦は「人は生まれ変わる」と言っているのである。

仏教の〝生まれ変わり〟は、他の〝生まれ変わり〟と違うのか？

ところで、生まれ変わりの思想は、インドのほかの宗教などにもある。

では、仏教とほかの宗教とは、生まれ変わりに関してどこか違いがあるのだろうか。

そのポイントは、釈迦が「霊魂は不変だ」とは考えてなかった点である。

そこで、次のお経を引用しよう。これは、仏教以外の輪廻思想の考え方を理解することにも通じるお経である。死後無になるのかどうかについて、釈迦がこれほどはっきりと説いたお経はほかに見当たらない。ただ、その内容は仏教の根幹にかかわることでもあり、そのすべてを引用解説するには長くなり過ぎる。本書は仏教の解説書ではないので、要点のみ一部を紹介・解説するにとどめよう。詳しくは、原著を見ていただきたい。

『雑阿含経「仙尼経」』

クックラヴァティカ行者のセーニャ（仙尼）は、お釈迦さまに、前記の六人の宗教家（六師外道）たちはいずれも、弟子の転生先について具体的なことをいわれないのに、なぜお釈迦さまだけは弟子が亡くなると、この者はこういうところに転生したとか、あの者はこういう境界に生まれたということをおっしゃるのですか、と質問したわけです。

……（中略）……

仏さまは、このようにセーニャにお話になられました。

「疑いを生じてはなりません。お前はまだよく理解をしていないから、疑問に思うだけなのです。セーニャよ、私が今から説くことをよく聞いて、しっかりと理解しなさい。

そもそも、世の中には三種類の教えを説く師（宗教家・思想家）がいます。では、三種類の師とはどのような人たちでしょうか。

まず第一の師は、現世においては真実の存在は、常住不変の自我（アートマン）によると認めます。おまえもこのような師がいることを見聞してよく知っているでしょう。この師は、死後（来世）については知らないとする。これが世間に見られる第一の師です。

　セーニャよ、また一人の師がいます。この師は現世において真実の存在は、常在不変の我によると認め、死後においても、我の存在を認めます。これも、見聞して知っているでしょう。

　セーニャよ、このほかにもまた一師がいるのです。この師は現世における真実の存在は、常住不変の我により成り立っているとは認めず、さらに死後についても真実の存在が、常住不変の我によって成り立っていると認めません。

　セーニャよ、現世において真実の存在が、常住不変の我によって成り立っていると認めて、死後においては知らないとする、第一の師の考え方を断見といいます。

　次に、現世においても死後においても真実の存在は、常住不変の我により成り立っているとする、第二の師の考え方を常見といいます。

　そして、現世においても真実の存在が、常住不変の我によって成り立っていると認めず、さらに死後についても、常住不変の我を認めないという、第三の師の考え方こそが如来応等正覚の説なのです。この第三師の法によって、渇愛を断じて欲を離れて

滅尽し、涅槃を得るのです』(24)

これだけでは何のことかわかりにくい。ここは、このお経を解説している著者の桐山靖雄阿含宗管長の説明を、そのまま読んでいただくのがよいだろう。

『当時のインドにはいろいろな宗教家がいましたが、生命と自我の問題についてどう見るかという観点によって、それらは大きく三種類に分けられる、とお釈迦さまはおっしゃったわけです。当時、実際にこの三種類の見方をしている人たちがいたわけです。

第一の師は、死をもって終わりとする宗教家です。来世に自我を認めず、死ぬとその自我はそこで終わりとなって消滅してしまい、来世に引き継ぐ自我はないと主張します。自我はこの世かぎりのものであって、死んでしまえばなくなってしまい、来世などはない、という見解です。お釈迦さまはこの考え方を断見と名づけられました。自我が断じてしまう、断の見解ということです。

第二の師は断見とまったく反対の考え方で、現世で自我を認めるように、来世にも自我を認めます。自分そのものは永遠に変わらない、という考え方です。つまり、業によってよいところへ生まれ、あるいは悪いところへ生まれるとしても、自我は常《じょう》住《じゅう》不変《ふへん》のものだと考えます。自我は変わらないとするわけです。お釈迦さまはこれを常見と呼んでおられます。

その二つの見解とも異なる、第三の師がいるわけです。第三の師は、まず現世において自我を認めず、また来世においても自我を認めません。現世でも来世でも自我を認めない、これが仏陀の見解なのだ、とお釈迦さまはおっしゃっているわけです。

「それでは、こうして生きている私はいったいなんなのでしょうか？」

という疑問が当然出てきます。お釈迦さまは、自分とは因縁の仮合《けごう》にすぎない、とおっしゃるのです。人間というものは、いや、あらゆるものは常に変化しています。自分も他人も、その他のあらゆるものが常に変化しています。心も体も変化し続けています。常に変化するということは実在ではありません。実在でないから変化をするわけです。つまり、常住不変の自分などはないのです。

「たしかに変化はしています。しかし、実際に自分はここにいるじゃありませんか？」

という人がいるかもしれませんが、それは存在しているだけです。実在と存在は違います。ここのところが非常に微妙です。
第一の師は、実在と存在との区別が分かっていません。第二の師は、自我が実在しているものだと思っています。常住不変だと思っているのです。ところが、自分もすべてのものも常住不変ではなく、常に変化しています。(中略)人間は生きている時でさえも、ある時は地獄界に生まれ、また次の瞬間には飢餓界に生じる、というように常に変化しています。日々、一分、一秒ずつ、人間というものは絶えず変化しています。そういうものは実在とはいえません。実在ではなく、存在しているだけなのです』(25)
要するに、「死後、無になる」という考え方は、「断見」といって、間違いである。しかし、「永遠不変のものが輪廻する」という考え方も、「常見」といって、間違いである。「人は生まれ変わり、輪廻転生するのだけれども、永遠不変のものが輪廻するのではない」ということだ。
釈迦の教えは、「すべてのものは縁によって存在する」という教えであり、これを「縁起の法」と呼ぶ。ちなみに、ここでいう「法」とは、法則と理解すればよい。

「仏教の教えは、一切みな〝空〟だから、霊魂も〝空〟である。だから、霊魂というものはない」というような説明を聞くことがある。しかし、〝空〟とは、「永遠不変ではない」ということであって、単純に「ない」ということではない。ゆえに、仏教では、霊魂を否定するわけではない。ただし、その霊魂は、永遠不変なものではなく、「変わる」ものだということをいっているのである。

つまり、「変わる」というのが〝空〟の意味するところである。「変わる」というのは、「変えられる」ということである。「変えられる」のならば、来世のことも、現世のことも、「変えられる」はずだ。そこに仏教の救いがある。それが、仏教の仏教たるところであろう。

古代インドでは、輪廻の本体はアートマンと呼ばれていた。「アートマンが生まれ変わって輪廻転生する」と考えられ、アートマンの本体は変わらないと考えられていた。すなわち、輪廻転生しても魂の本質は変わらない。少なくとも現世では変わらない。そして変わらないのであれば、「どんなに苦しくても、受け入れてあきらめるしかない」――そう考えるからこそ、カースト制度という階級制度が存続したのだろう。

同じ輪廻転生でも、そこが仏教と違うところだ。

以上、長々と述べてきたが、これでおわかりいただけたように、釈迦は生まれ変わりや霊魂を否定していたわけではない。「死後のことを考えるべきではない」と言っているわけでもない。

であれば、お葬式でお経を唱えることも、それ相応の意味があるのだ。浄土宗も浄土真宗も、他の日本の仏教宗派もつぶれずにすむ。まずはめでたし、である。

なぜ釈迦は生まれ変わりを把握できたのか?

では、なぜ釈迦は、輪廻転生を把握できたのだろうか。というのは、釈迦は、経験的な事実によらない理論は不可としていた。だとすれば、何らかのやり方で〝輪廻転生の事実〟を把握していたと考えられる。

それに、そもそもインドで輪廻転生が信仰されていたのは、なぜなのか。

あえて推測するなら、その答えは〝瞑想〟にあるだろう。

古来、インドでは、身体や呼吸をととのえ、精神を集中する技法があった。ヨガも、もともとは瞑想の一種である。そして、釈迦も瞑想を実践していた。ちなみに、ギリシャのピュタゴラスも瞑想のようなことを行っていたらしい。

前章で、ヘミシンクによる体外離脱について説明したが、もともとヘミシンクとは、瞑想などで起こる〝意識状態〟を技術的に作り出そうとしたものである。その場合、基本的事実に想像が紛れ込んで、「現実と微妙に違って見える」ということがあるらしい。体験者の見ているものが、いわば〝霊的世界〟の状態そのものであるのか、それとも幻覚や夢の類であるのかの区別が難しくなるのだ。そのために、どこからどこまでが〝事実〟であるのか確かめにくくなる。

果たして古代の瞑想には、それを解決する技法やテクニックというのはなかったのだろうか。

体外離脱体験者の期待や思いが〝見た光景〟に反映するということであれば、体験者は、自分の思いをなくして、心に映った光景を〝ありのままに〟見ることが必要となる。それができれば、〝事実確認〟ができることになる。そのためには、「ああではないか、こうではないか」とか、「ああかもしれない、こうかもしれない」とか、「ああしたい、こうしたい」という自分の思いをとりあえず消すことが必要だ。釈迦が行った瞑想の中には、それに類したものがあったようだが、そういった視点から仏教にアプローチした本は、残念ながらほとんど見当たらない。もしかしたら、そういうところから輪廻の状況を確認できたのかもしれないのに、と想像するのである。

なぜ、解釈を間違える人がいるのか？

では、なぜ、日本に、霊魂を否定したり、死後のことを考えないお坊さんがいるのだろうか。「そういう解釈はちょっとおかしい」と、少し考えてみればわかりそうに思えるのだが。

その理由は、二つある。

一つは、お経を勉強していないことである。とりわけ、阿含経を勉強していない。阿含経というのは、小乗仏教とされ、歴史上あまり顧みられなかったお経である。しかし、阿含経を読まないと、釈迦が説いたことはわからない。すなわち、仏教の教えはわからない。大乗仏教だけでは、仏教も底が浅いものになってしまう。「生まれ変わる」と釈迦が言っているお経がいくつもある。それらを読んでいけば、霊魂や輪廻を否定するような解釈はできないはずだ。

もう一つの理由は、「生まれ変わりや霊魂の存在を信じる考え方は低級だ」という心理が、経典を解釈する人の心理にあったらしいことだ。こちらのほうがより大きな理由だろうと私は思う。

それについて、前出の宮元啓一教授は次のように述べている。

『明治時代、西洋近代文明を尺度とした開化、啓蒙運動が展開された。そのなかで、迷信打破の運動も活発になった。それはそれなりに意義もあったが、仏教界にあっては、内からは廃仏毀釈の破壊活動にさらされ、外からは圧倒的な力を持つ西洋近代文明の精神的な支柱であったキリスト教の影に怯え、あらゆる方向で過激になり過ぎるということもあった。

仏教界における迷信打破運動の矛先の一つは、輪廻思想に向けられた。死んだら何かに生まれ変わるというのは非科学的であり、地獄や極楽など、誰も見たことのないものがあるとする根拠は何もない。翻ってみれば、あの偉大なお釈迦様（ゴータマ・ブッダ）が、このような下劣な世の俗信を採用されたはずはない。輪廻思想は、仏滅後、お釈迦様の真意が理解できなくなった仏教徒たちが大衆に迎合するために採り入れたのだ。

このように、最初期のゴータマ・ブッダの仏教は輪廻思想を否定した、いやむしろ輪廻思想を否定したところに仏教の斬新さがあったのだという見解が、ほかならぬ仏教学者たちからさかんに表明されるようになった。（中略）

仏教は本来、輪廻思想を否定するものだったという考えは、日本の知識人たちの頭にかなり深く刻み込まれ、今日に至っている』㉖

仏教を解釈する人にも、「生まれ変わりなんて、そんな迷信的なことがあるはずがない。仏教はもっと高級なものだ」という、一見「科学的」にみえる思い込みがあるのだろう。そのため、とおりいっぺんの解釈で納得してしまい、深く考えないのではないか。

例えば、「毒矢のたとえ」である。「毒矢のたとえ」も阿含経である。阿含経というのは、すでに述べたように、あまりかえりみられなかったお経だ。その中で、「毒矢のたとえ」が、ことさらとりあげられるのはなぜなのか。

それは、その内容が高級な教えに受けとれるからではないか。「毒矢のたとえ」が、「死後のことなど考えるべきではない。それよりも現在の人生を考えろ」という意味だと言われると、一見、高尚で悟った内容のようにもきこえる。それで、「ああそうか」と納得してしまう。それに、その言に従えば、死後がどうのという〝迷信的なこと〟を問題にしなくてもすむ。だから、「毒矢のたとえ」だけを金科玉条のようにとりあげるのである。

しかし――。

果たして「生まれ変わりや霊魂などあるはずがない」と、本当に言えるのか。その根拠は、どの程度確かなのか。

重要なのは、やはりそこなのである。

第四章

本当に「あるはずがない」のか？

これまでは、いわば「あるのではないか」という根拠のほうに焦点をあててみてきた。その結果、「生まれ変わりがある」という主張は、まったく荒唐無稽なものではないということがわかった。

けれども、「ないのではないか」という根拠も検討しなければ、充分とは言えない。今度は、そこに焦点をあてて検討していこう。

まず、「生まれ変わりや霊魂があると仮定するならば、この点が矛盾するのではないか」という疑問がいくつか出てくるはずだ。もし、その疑問が当を得たものであるなら、「あるはずがない」という主張ももっともだということになる。しかし、そうでないなら、「生まれ変わりがある」と考えるのが合理的ということになる。

この章では、まず、いくつかの主な疑問を列挙するとともに、「それが本当に的を射ているのか」について考えてみよう。

第1節　人口は変動するのだから、〝生まれ変わり〟はないのではないか？

「人間が、もし生まれ変わるのならば、生まれてくる人間は過去に死んだ人間である。すると、世界の人口はほぼ一定に保たれるはずであり、人口がどんどん増えるということはない。しかし、現実に人口はどんどん増えているのだから、生まれ変わりというものはあるはずがないのではないか」（1）

この主張、ちょっと聞くともっとものようだが、よく考えると、そこには全く根拠がないことがわかる。

この主張が成り立つためには、少なくとも五つの前提条件が満たされなければならない。それは次の五つである。

①人間が死んで生まれ変わるまでの期間は、一定の同じ期間である。

②人間が、人間以外のものに生まれ変わることはない。
③一人の人間は、常に〝一人の〟人間に生まれ変わる。
④肉体のない霊魂のような形で存在する世界を、仮に〝非物質世界〟と名づけるならば、〝非物質世界〟では、霊魂が新たに生まれることはない。
⑤物質世界は、この世界ただ一つであり、〝非物質世界〟もただ一つしかない。

この〝五つの前提すべて〟が満たされなければ、世界の人口がほぼ一定のままになることはない。つまり、五つのうち、どれか一つでも欠ければ、成り立たないのだ。

どういうことか。順を追って説明していこう。

①人間が死んで生まれ変わるまでの期間は、一定の同じ期間なのか？（生まれ変わる期間の問題）

まずは、生まれ変わりの期間の問題である。「死んだ人間が〝同じ一定の期間で〟生まれ変わっていく」という前提があってこそ、「人口は一定に保たれる」と言えるわけだ。死んでから生まれ変わるまでの期間が、人によってばらばらだったら、「人口が一定に保たれる」ことはない。

スティーヴンソン博士の研究の子どもの事例では、死んでから生まれ変わるまでの期間は、平均すると十五～十六カ月である。では、すべての人間が、そのような一年あまりという一定の期間で生まれ変わっていくのだろうか。子どもの前世の記憶が確認された事例は、総人口に比べればきわめてわずかである。生まれ変わりは、人によってどう違うのか。何十年、何百年、いや何千年とたってから生まれ変わるような場合はないのか。全然わからないのだ。

さらに、「霊魂の状態で存在する」ということは、「意識だけが、肉体によらない〝非物質的な状態〟で存在できる世界があること」を意味する。では、そういう〝物質でない世界〟においても、時間というもの自体が同じように進行するのだろうか、という根本的な問題がある。

臨死体験者には、「時間を超越したような感じ」が共通して感じられた（2）。時間とは何か。端的に言えば、変化の度合いを、一定の尺度に照らし合わせて測定したものである。その変化とは、いわば物質の変化である。ならば、〝物質でない世界〟においても時間は同じなのか、それとも違うのか。それに、そもそも〝物質でない世界〟に時間というものがあるのか、ないのか。

そういう問題がはっきりしないのに、〝一定の期間〟を想定できるのか。

②人間が、人間以外のものに生まれ変わることはないのか?

そもそも、「人間が常に人間に生まれ変わる」という前提があってこそ、この疑問のような主張が成り立つ。

では、人間は常に人間に生まれ変わるのか。そういう確証がどこにあるのか。私たちは、生まれ変わるなら「無条件に人間に生まれ変わる」と、何の疑問ももたずに思ってしまう。しかし、あまり考えたくないことだが、他の動物などに生まれ変わることはないのか。また、動物に生まれ変わることがあり得るなら、植物はどうなのか。もっと言えば、生まれ変わる対象は、この地球上の生物だけなのか。他の惑星の生命体などというものは、もちろん確認も何もされていないけれど、そういう別の生命に生まれ変わることはないのか。

③一人の人間は、常に〝一人の〟人間に生まれ変わるのか？

根本的な数の前提がある。「一つの個体が、一つの個体に生まれ変わる」という前提があってこそ、数が増加することに対する矛盾が出てくるわけだ。

生まれ変わりは、常に一対一で起こるのか。これは、生まれ変わりのしくみにも関係することである。個性、パーソナリティーが、そのまま一個の人格に移行して、〝その人〟として生まれ変わるのかどうなのか。

〝霊魂のような状態〟になったとき、どういうことが起こるのか、誰にも想像できない。例えば、臨死体験の中には、「そこに行きたいと望めば、すぐにそこに移動する」体験がみられる。空間的な距離が、あまり意味を持たないらしいのだ。さらに、「時間さえ超越したような感じである」ことが報告されている。ならば、もっと飛躍して考えると、例えば〝霊魂のような状態〟は、一つの場所にしか存在できないのか。「同時に二つの場所に存在する」ということはないのか。そんなことすらあり得ないとは言えないと思うのだ。

物質的肉体だからこそ、「そこに存在する」というのは一目瞭然であり、当たり前のことになる。「気分によって、あっちに存在したり、こっちに存在したり」ということはない。また、物質では、一つの個体が「ある場所に存在する」ということは、「他の場所には存在しない」ということである。ただ、物質でも、量子論の世界になると、「あっちに存在したり、こっちに存在したり」に似たことが起こる（3）。似たようなことは、〝霊魂のような状態〟では起こらないのか。

さらに、「二つの場所に存在する」ことが仮にあり得るなら、その霊魂は同じものなのか。それとも、頭の中に浮かぶ考えが刹那刹那で違うように、多少違うということはないのか。

さらに、もっと想像しにくいかもしれないが、「一人の人間が二人に生まれ変わる」ということはないのか。「霊魂の状態で分裂する」ということはないのか。あるのならば、分裂したものは、もとの霊魂と同じなのか、違うのか。

それにそもそも、「生まれ変わる」とは、どういうことなのか。一人の人間の人格が、はっきり次の人間の人格になるのか、それとも一部を形成するだけなのか。

それ自体を観察できないだけに、それが同じなのかさえ今のところ明らかにできないのだ。

④肉体のない霊魂のような形で存在する世界、つまり〝非物質世界〟では、霊魂が新たに生まれることはないのか？（霊魂の新生の問題）

想定される〝非物質世界〟とは、どんな世界なのか。〝霊魂〟というのは、どういう状態なのか。「死んで、肉体から離脱し、次の肉体に生まれ変わる」以外に、「〝霊魂〟自体が、新たに生まれる」ということはないのか。

⑤物質世界は、この世界ただ一つであり、〝非物質世界〟もただ一つしかないのか？

ＳＦでは、この世界には、起こり得る無限の世界があるという見方がある。例えば、今の〝現実〟以外に、また別の〝現実〟があるというもので、「パラレルワールド」と呼ばれたりする。映画「バック・トゥ・ザ・フューチャー」（一九八五年・米・ユニバーサル映画）のようなことを想像していただくとわかりやすいだろう。では、それに類したことは、〝非物質世界〟では起こらないのか。

「生まれ変わりがある」ということになれば、〝非物質世界〟があることを意味する。それは、私たちが慣れ親しんでいる物質世界以外の世界があるということだ。ならば、そういう〝非物質世界〟は一つだけなのか。何種類もあって、一つの〝非物質世界〟から別の〝非物質世界〟へと〝生まれ変わる〟ことはないのか。さらにいえば、物質世界もこの世界だけなのか。世界のありようというのは、いったいどうなっているのか。

そんなことを考えていくと、ありとあらゆる可能性があると言わざるを得ない。

いかがであろうか。①から⑤までの前提に対して、疑問点をあげてみた。とりとめのない印象をもたれた読者も多いだろう。しかし、その疑問のいずれにも「こうだ」とはっきり言える確証などないのだ。

なぜか。

〝霊魂〟に関して想定しなければならないのは、物質世界とは異質の、〝非物質的な霊魂〟が存在する世界である。そこには、従来の物質的常識が通用しない。だとすると、物質に見られるような〝普遍性〟がないのだ。

第一章で述べたように、ニュートンは、惑星とリンゴに普遍的な同じ法則があるということに着目して、万有引力の法則を発見した。それは、「同じ一つの物質世界は、同じ普遍的な法則で動いている」ということだ。しかし、「違う世界においては、同じ法則がはたらかないかもしれない」のである。

「人口は変動するのだから、生まれ変わりはあるはずがない」という主張は、〝非物質世界〟でもこの世界と同じ法則があるという前提でものを言っている。「生まれ変わりとはこうであるはずだ」と、はじめから決めつけて、「あるはずがない」という結論を出していることになるのである。

第2節　〝霊魂〟の存在は、物理法則と矛盾するのではないか？

〝霊魂〟の存在は、物理法則と矛盾するのではないか——これは、どういうことか、説明が必要だろう。

〝霊魂〟が存在するということは、「意識は、脳と離れて存在する」ことだ。それは、

「脳と意識とは、別の存在である」ことを意味する。

そして、それはとりもなおさず、非物質的な〝霊魂としての意識〟が、物質である肉体を動かしている、ということになる。しかし、この理論は、物理法則と照らし合わせると不合理なので、成り立たないということだ。

映画「ゴースト」(一九九〇年・米・パラマウント映画：邦題「ゴースト　ニューヨークの幻」)をごらんになったことがおありだろうか。

悪者に殺されて幽霊になってしまった主人公サムの話である。

死んだ直後のサムは、霊魂になっているので物体をすり抜けてしまい、物や人に力を及ぼすことができない。その状態で、デミ・ムーア扮する恋人を助けようと悪戦苦闘し、先輩ゴーストの助けをかりて物体の動かし方を学ぶのだが、そのさい、先輩ゴーストから、「物体に触れるとき、そこに精神を集中するんだ」というヒントをもらう。そうやって、サムは悪者を殴りとばすことができるようになる、つまり、物体を動かせるようになるのだが、ただ、これはあくまで映画の中での話である。

早い話が、「こういう存在は不合理ではないか」ということだ。

霊魂とは、いわば〝肉体から離れた意識〟である。「〝意識〟が肉体から離れて存在することがある」とするなら、〝意識〟は肉体とは独立した、別の存在ということになる。

では、〝意識という別の存在〟が、なぜ〝肉体という物質〟を動かすことができるのか。

例えば、エネルギー保存の法則というのがある。わかりやすく言うと、エネルギーの総量は常に一定であり、物質を動かすときには、動かすほうから動くほうへエネルギーが移動するが、総量そのものは増しもしないし減じもしない。

これをわかりやすく言うと、物質を動かすものはエネルギーであり、物質を動かすためにはエネルギーが必要である、ということになる。

そこで、〝肉体から離れた意識〟が〝肉体〟を動かすということは、そこにエネルギーがはたらいているということになるが、では、そのエネルギーはどこからくるのか。ある時には物質をすり抜け、ある時には物質に影響を及ぼす。それは、「相反する矛盾した存在」ではないのか。そこのところを説明できないので、「〝意識が肉体から離れて存在する〟というのは、科学的に不合理だ」ということになる（4）。

だから、霊魂のような形で、体から離れて脱け出るような体験が報告されても、「そんなことはあるはずがない。そんな現象は幻覚だ」となる。また、「生まれ変わりなどあるはずがない。そんな事例は作り話の類だ」となるのだ。

この考え方は、当を得ているのだろうか。

「霊魂と物理法則とが矛盾する」というのは、霊魂と物理法則の両方を満足させる説明ができないからである。だから、「不合理だ」となるのだ。ならば、両方をともに満足させる説明を発見できればよい。「ある時には物質をすり抜け、ある時には物質に影響を及ぼす存在」を、合理的に説明できるならば、「あるはずがないとは言えない」ということになる。

そこで、体外離脱体験や生まれ変わり事例、これを仮に、確かな〝事実〟だと仮定して考えをすすめよう。すると、どういう考え方ができるだろうか。

体外離脱体験では、肉体から離脱した体験者は、壁など物体をすり抜ける。しかし、体験者が、誰かをつねって驚かせることもできる。そして、つねられた人には、あざが出来る。

また、前世を記憶する子どもの事例では、前世の人の体にあった傷跡と一致する場所にあざがあったりしている。この場合、前世の肉体は死んで消滅しているのだから、「物質的な肉体の傷跡が〝霊魂〟に影響し、それを媒介として、現世の子どもの体に移行し、あざとなって現れた」と考えるほかはない。

これが事実なら、やはり、〝霊魂のようになった意識〟は、物体をすり抜けることもあるし、物体に触れたり動かしたりして、物体に影響することもできることになる。

これをどう考えたらよいのだろうか。

肉体と霊魂、つまり、物質と霊魂とを、まったく別のものと考えるから無理があるのではないのか。そこで、物質にもいわば〝霊的性質〟があると考えたらどうだろう。

例えば、物質は〝カードの表と裏〟から出来ていると考えてみるのだ。〝表〟が従来の物理的性質、〝裏〟に〝非物質の霊的性質〟があると考えてみる。表からつかんでも、裏からつかんでも、カードには同じようにしわが出来る。

このカードのたとえでいけば、物質と〝霊的性質〟とは〝表と裏の関係〟にあり、まったく別物ではないのだから、体外離脱で、相手をつねったら体にあざが出来る。つまり、物質に影響を及ぼしたり、及ぼされたりすることもありえることになる。ただし、裏の〝霊的性質〟をあまり単純なものと考えると、これまた不合理が生じる。今度は、霊魂が物質をすり抜けたりすることを説明できなくなるからだ。

そこで、「カードの裏の部分は一枚岩ではない」と考える。厚みがあって、奥行きが深い。いうならば、「多重構造をしている」と考えてみよう。「非物質の霊魂は、その構造の中で変化する」と考える。だから、物質に近い状態のときは、物質に影響を及ぼすこともあるし、物質から遠い状態のときは、すり抜けることもあるのではないか。

このたとえを、もう少しわかりやすく表現できないだろうか。あるいは、これに似た説明はないだろうか。

モンロー研究所で体外離脱体験を経験した坂本政道氏は、次のように書いている。『（著者注：体外離脱体験者である）ウィリアム・ブールマンも、モンローと同じように（著者注：体外離脱する）非物質の体にはふたつあると述べている。彼もモンロー同様、すぐにこのことに気づいたわけではなかった。何回も体脱を繰り返すうちに、あるとき気づくのである。

彼の本からその部分を訳す。

「この体験から、私は最初の（濃度の高い）非物質の体は、実は肉体のエネルギー的な複製であること、それに対して、二番目の非物質の体は、より微細な振動数を持ち、純粋なエネルギーのようであり、ちょっとした思いにすぐに反応する、ということがわかった」（『Adventures Beyond the Body』から翻訳）

ブールマンはモンローと同じように、最初の非物質の体での行動は限定的なものであること、二つ目の非物質の体は羽のように軽い、と述べている。

興味深いことに、ブールマンは体脱体験を重ねていくにつれ、非物質の体は二つだけでなく、もっとたくさんあることを見出した。二つ目の非物質の体よりも、さらに振動数の高いものがいくつもあるのである。それらは、より密度の薄い体といってもよい。

また、それぞれの振動数あるいは密度に対応する非物質世界があるとする。自分の振動数を上げることで、振動数に応じた非物質世界へ行かれるのである。そして、自分にはそれぞれの振動数に応じた非物質の体がある。

つまり、非物質界は多層構造になっていて、それぞれの層には、ある特定の振動数が対応し、その世界が広がっている。そして、それに対応する非物質の体がある。ブールマンによれば、層と層との間には膜があり、互いを分離しているのである。

これとほぼ同じことを、実は、モンローも言っている。

意識には振動数があり、振動数を上げ下げすることで、それぞれの振動数に対応する世界を垣間見ることができるという。物質界はその中の一つの振動数に対応する世界である。（中略）

普段われわれの意識はこの物質界の振動数に焦点を合わせているが、そこからずれていけば別の世界へ行く。モンローは、これはちょうどラジオで周波数のダイヤルを回していくと、次々と別の局が聞こえてくるのと似ていると述べている。（中略）

以上を整理してみると、体外離脱で肉体から出るのは、「意識」とでも呼ぶべき非物質の私である。意識の属する非物質の世界には、振動数の異なる世界・領域が低い振動数から高い振動数までいくつもある。

物質界はその中で振動数の一番低い世界である。

人は自分の「意識」の持つ振動数を変えることで、振動数に応じた世界・領域を訪れることができるのだ』（5）

このように、「振動数によって変化する」と理解すると、物質と霊魂との関係がわかりやすくなる。

肉体と意識、または、肉体と霊魂とを、まったく別物と考えるから、「物質とは別の存在が、物質である肉体を動かす」という見方になるのだ。そのため、物質を動かすためにはエネルギーが必要だという従来の物理法則からすると説明できなくなって、不合理が生じてしまうのである。

それでは、〝非物質である意識〟が〝物質である肉体〟を動かすと理解してよいのか。

仮にそうだとしても、それはいわゆるエネルギー消費をともなう、物理的に知られた物質の動きなのか。全然わからない。

そのように考えてくると、そもそも、非物質世界のことに物質的な法則が当てはまるのかどうかわからないのに、物質的な法則に照らし合わせて「不合理だ」ということ自体おかしい、という結論になる。

ただ、坂本氏のような見方は、物質的な事実と〝非物質的な事実〟とを比較して初めてわかることである。たとえ主観的な体験だとしても、〝非物質的な事実〟に目を向けなければ、そういう発想や推論はできない。物質的なことしか把握していない今の科学では、氏のような発想は出てこないのである。

物質と〝非物質〟の関係など、誰もわからない。なぜなら、これまで、〝非物質〟という存在を確かめる方法がなかったのだから。にもかかわらず、そういう存在を想定しないと、〝事実〟の説明ができないという事態が生じてきているのである。

ちなみに、物質世界と非物質世界といっても、これは、〝別の場所〟に世界があるという意味ではない。単に、〝通常の五感では知覚できない世界〟があるということだ。

こういう状態を理解するには、「次元が違う」という表現がぴったりする。

「違う次元で、どのように存在しているのか」というと、やはり〝表と裏〟のような形で、重なり合って存在していると理解するしかないだろう。

私たちは、これまで、何かがそこに「存在する」ということは、何かの「物質がそこに存在する」と理解してきた。あらゆる科学理論は、それを分析発展させて出来上がっている、とも言える。電磁気の現象にしても、エネルギーにしても、まず物質があって、それにともなう現象だ。

ところが、ここへきて、〝物質でない存在〟を推論する必要が出てきた。それが〝非物質世界〟ということである。

坂本氏は、「振動数に対応する世界」という表現を使っているが、これは、科学的事実として確かめられているわけではもちろんない。

そこで、学者の中には、「そんなものは全然聞いたこともないし、確認もされていない。空論だ」と言って、否定的に考える人もいるだろう。科学というのは正確を期すものだから、当然のことである。

しかし、ここで重要なのは、本当に「あるはずがないのか」ということである。可能性があるなら、「あるはずがない」とは言えないのだ。

坂本氏は、振動するのは、非物質の「生命エネルギー」だと述べている。そうした

「生命エネルギーの躍動、脈動といっていい状態」が意識であり、そこに「生命エネルギーの振動」がある、と説明している(6)。

第3節　「脳がないのに〝意識〟がものを見ることができる」のは不合理ではないか？

脳がないのに、〝意識〟がものを見ることができるのか――この疑問は、脳と意識の関係をより深く考えるのにかっこうの問いかけである。この疑問は、「目がないのに〝意識〟がものを見ることができるのは不合理ではないか」と言いかえてもよい。なぜ、私たちに「ものが見える」のか。

ご存知のように、まず、物体に反射した光が、目の奥の網膜に映像を映す。網膜では、光の強度と波長によって網膜の視細胞に電気反応が起こる。その電気反応は、電気信号となって、神経線維を通って脳に送られる。そして、脳でその信号が処理されて、ものが見える。

そのようにして「見える」と感じるのは、〝脳〟である。

脳の、その「見える」しくみを、もう少し詳しく説明しよう。

電気信号の情報は、大脳の後部にある視覚野という部分に送られる。そこで、「見えたもの」の信号が、動き、奥行き、色、形のそれぞれの情報に分けて処理される。そして、動きや奥行き、立体感などの空間に関する情報は、大脳の上部にある頭頂連合野という部位に送られる。色や形に関する情報は、側頭連合野という部位に送られる。そして空間情報と色や形の情報を統合して、目でとらえた映像が理解され、認識される。たかが「ものが見える」と言っても、ことほどさように、脳のいくつもの部位での情報処理作業があって初めて成立しているのだ。

もし、これらの脳の部位に、脳梗塞などで損傷が起こると、視覚障害が起こる。その障害は、脳の損傷の部位によって症状が違ってくる。また、損傷だけでなく、脳のどこかを刺激しても、それに対応した反応が起こる。

脳と意識感覚とは、まさに対応しているのだ。脳があるからこそ、「見える」という感覚があり、意識があると言える（7）。

ところが、霊魂とは、いわば〝肉体がない意識のみの存在〟だ。

ということは、目がない。光の刺激を受けとる網膜がない。視細胞がない。それで、どうやって「ものを見る」ことができるというのか。

さらに、電気信号を伝達する神経線維もない。情報処理する脳組織もない。損傷云々という以前に、脳そのものがない。

現在では、脳のしくみを知れば知るほど、「ものが見える」と感じるのは脳のはたらきであることがわかってきている。

「ものが見える」ことだけではない。脳の損傷は、精神機能や人格そのものの障害も引き起こす。記憶障害が起こることもある。脳がなければ、自分の意識が保てるのか。意識そのものが存在しなくなるのではないか。

ところが、「そう断言することもできない」という事例が、どうも実際に起こっているらしいのだ。

例えば、臨死体験者が、脳の血液を抜かれて、脳が活動してないにもかかわらず、「手術の光景を見ている」例がある。〝脳と目で見る〟以外の方法で〝意識がものを見る〟のでない限り、こうした現象を説明できないのだ。

こういう場合、「そんな現象はない」と言って頭から否定してしまえるなら楽である。それ以上、考えたり探究しなくてもいいのだから。しかし、それが事実であるにもかかわらず否定してしまうのでは、「事実を無視して推論する」ようなもので、科学的とは言えなくなってしまう。そして、どうもそれが本当らしいからこそ、問題になるのだ。

すでに述べたように「人の意識は、脳の機能にすぎない」というのは、〝ものの見方〟であって、実証された〝事実〟ではない。

では、実証された〝事実〟とは、どういうものか。

それは、例えば、「脳の状態」である。あるいは、「脳の損傷によって、視覚障害や記憶障害が起こること」である。

現在は、いろいろな先端的な技術が開発され、生きて活動している「脳の状態」をリアルタイムで観察できるようになった。

例えば、脳の局所血流量の変化をとおして脳のはたらきを観察するポジトロン断層法（PET）や機能的磁気共鳴画像法（fMRI）、脳内の微小電流が引き起こす磁場を利用した脳磁場計測法（MEG）などがある。このような装置を使えば、生きた脳の、どこがどのように活動しているかが観察できる。目の前で計算している人の脳の、どこが活発にはたらいているかを、いわば〝見る〟ことができるようになった（8）。

観察できる現象が詳しくなり、いろいろなことがわかるようになったというのは、〝事実〟を詳しく確かめられるようになったということだ。そうすると、そこから推論できることも多くなる。脳科学が最近飛躍的に発展しているのは、そのためだ。

では、脳についての〝事実〟とは、そもそも何か。

それらは、〝脳にかかわる事実〟である。

そういう〝事実〟に基づいて、「脳があるからこそ、意識感覚がある」という〝推論〟が生まれる。そしてその結果、「人の意識は脳の機能にすぎない」という〝ものの見方〟が生まれるのだ。

このように、〝脳にかかわる事実〟ばかりをみてそこから推論するから、「脳に基づく意識」という推論になる。

科学の基本は、「事実に基づいて推論すること」である。事実に基づいて推論するのだから、〝脳にかかわる事実〟からは、〝脳という肉体〟に基づく推論が生まれる。けれども、私たちが今ここで知りたいのは、霊魂のことだ。それは、〝脳がある状態のこと〟ではなく、〝脳がない状態のこと〟なのだ。

〝脳がない状態のこと〟を、脳のしくみから説明しようとしても不合理になるのは当たり前である。〝肉体がない状態のこと〟を肉体のしくみから考えようとしても、考えられないのは当たり前なのだ。

事実に基づく推論とは、いってみれば「事実のすべてを満たす説明を発見すること」にほかならない。それが科学的発見につながる。「脳がない状態で、意識はどうなるのか」を推論するためには、〝脳がない状態での事実〟を確かめなければ、充分な推論はできないのである。

そして、そういう〝事実〟として、〝非物質的な現象〟という事実があるのではないのか。それは、例えば、臨死体験で確かめられた〝事実〟である。また、前世を記憶する子どもの事例のように、肉体がなくなっても〝何か〟が残ると考えなければ説明できない〝事実〟である。

霊魂のようなものが存在するのかどうか。それは、今のところ、そういう〝事実〟から推論するしかないのだ。

そして、そういう〝事実〟は確かめにくい。目で見て一目瞭然というわけにいかないからだ。〝物質に基づかない事実〟だから、そうなるのである。

科学で、事実を確かめる方法の基本は〝観察〟である。

〝観察〟は、人間の感覚が基本になっている。特に、〝見ること〟だ。

しかし、人間の目で見えるものは限られている。そこで、人は、通常見えないものでも見えるようにする技術を開発してきた。それによって、その分野の科学が飛躍的に進歩した。脳科学におけるＰＥＴやｆＭＲＩなどの先端技術も同じである。

しかし、〝見えるもの〟というのは、そもそもが〝物質〟である。物質でないもの、例えば、霊魂のようなものは、見て観察する方法がない。だから、〝事実〟を確かめにくい。結局、そこにいきつく。

これまで科学的に確かめられた事実というのは、いわば〝物質的事実〟である。それは、物質的事実は確かめやすいためであろう。そして、物質的事実から生まれるのは、物質的な理論である。今わかっている〝ものが見えるしくみ〟というのは、肉体的事実、いわば物質的事実に基づく理論なのだ。

だから、〝肉体のない状態での意識〟というような〝非物質的〟現象に対しては、従来の物理的理論はあてはまらないかもしれないのである。

では、どういう可能性が考えられるだろうか。

「霊魂のような状態でものが見えること」について、坂本政道氏は、「見るといっても、目を通して見るのではない。われわれの意識の、ある種の知覚能力で見るわけである」と述べている(9)。

そこで、前節でふれた坂本氏の〝振動数〟の考えを、もう少し整理してみよう。「それはこういうことではないか」という類推を、次のように考えてみた。

①〝霊魂の状態の意識〟が、物質をすり抜けることについて

意識の〝振動数〟が高い状態では、〝振動数〟が低い物体をすり抜ける。

おもしろいのは、すり抜けることができるが、必ずしも何も感じないわけではないことである。例えば、医師の腕をすり抜けた時、『電流が通っているような感じの「非常に濃度の低いゼラチン」のような感触』を感じた臨死体験者もいる(10)。

②〝霊魂の状態の意識〟が物体をどう動かすのか？

〝振動数〟を物質に近づけることにより、物質に近い状態になる。実体化することもある。この状態では、物質に触ったり、動かしたりして力を及ぼすことができる。

③生きている状態では？

意識と肉体の〝振動数〟が、いわば同調した状態になっている。「波長が合っている」とでも言おうか。だから、重なり合って、いわば一体化している。一体化しているから、ものを見るときは、肉体のしくみ、能力に従う。その場合、物質的な目で見えるのは、「物質と同じ〝振動数〟の状態のもの」である。物質としての感覚器官で〝見る〟から、物質的なものしか見えないわけだ。

ただし、完全に別物ではないから、物質の状態が意識に影響することもあるし、その反対もある。だから、脳などの肉体の変化が意識にも現れる。

なお、物質の〝振動数〟は、いわば固定されている。だから、物質として確固としており、変化しない。これに対して、意識の〝振動数〟は変化させることができる。

④死ぬということについて

肉体が死ぬことによって、肉体のほうの〝振動数〟と意識の〝振動数〟とが合わなくなり、意識だけが脱け出る。

⑤〝霊魂の状態の意識〟で〝見る〟ことについて

条件の変化によって、死ななくても体外離脱することもある。その状態では、肉体の感覚器官がなく、意識の非物質的な知覚能力が残るので、それで〝見る〟ことになる。

さらに、普通は肉体の目でものを見るけれど、たとえ体外離脱しなくても、場合によっては、〝意識の知覚能力〟でものを見ることもできなくはない。

以上は、一つの可能性を考えてみたものである。仮説などと呼べるものではない。もちろん、このとおりではない可能性もあるだろう。どうなっているのか解明するのは、これからである。

なお、脳と意識の関係については、「二元論と一元論のどちらが正しいのか」という哲学的な疑問がつきまとってきた。二元論とは「脳と意識とは別のものだ」とする見方であり、一元論とは「意識は脳の機能だ」とする見方のことだ。そして、「霊魂が存在する」という見方は二元論であり、「死んだらすべて無になる」という見方は一元論とされてきた(11)。

この脳と意識についての疑問は、「一元論か、二元論か」と頭の中で考えるだけでは、いつまでたっても答えの出ない問題だ、と私は思っている。必要なのは、「〝事実〟に基づいて考える態度」、つまり科学的態度である。そして大事なのは、〝非物質的な事実〟の把握が必要だということだ。

従来の一元論は「物質だけの一元論」ということであり、二元論とは「物質と〝物質でない霊魂〟との二元論」である。考えの中心にあるのは「物質か、そうでないか」ということだけで、そこで止まってしまっているのだ。

前述した〝振動数〟という可能性は、「意識が肉体と別に存在する」ことだけで言えば、二元論のようにみえる。しかし、〝振動数の違いという一つの概念〟によって、

「物質と意識とは〝連続した何か〟である」と、一元的に説明するものである。とすれば、「意識と肉体とがまったくの別物だ」と言っているわけではないので、二元論ではない。つまり、これまで脳と意識につきまとってきた哲学的な疑問を、霊魂の存在を認める形で解決することになる。〝非物質的な事実〟も含めて考えるからこそ、そういう可能性を発想することができるのだ。

物質的な事実の把握は、比較的やりやすい。これまで、〝事実〟と言えば、イコール物質的な事実だった。しかし、物質的な事実からは、物質的な理論しか得られない。脳にかかわる事実だけをとりあげて、「意識は脳の機能として説明できる」と言うのでは、説明できないほうの〝事実〟を無視しているようなもので、充分な説明を欠くというべきである。

非物質的な事柄に関しては、非物質的事実をまずきちんと把握することが重要になる。そして、非物質的事実が確からしいのならば、物質的事実も非物質的事実も、〝その両方を満たす説明〟こそが、科学的にもっとも確からしい推論ということになるのだ。

第4節 「〝霊魂〟が服を着ている」のは不合理ではないか？

ところで、幽霊の目撃談に関して、「服を着た霊魂」は不合理だから、そういった目撃談は存在するはずがないのではないか、という疑問がある。

幽霊の目撃は、専門的には〝霊姿現象〟と呼ばれていて、そういう報告もないことはない(12)。そういう〝霊姿現象〟がどの程度確かなのか、という問題は、ここはひとまずおいておこう。

ここでの疑問は、「服を着た霊魂の存在を矛盾なく説明できるのか」ということだ。霊魂が着ている〝服〟というのは、いわば生命のない物質である。生きていないのだから服に霊魂はないはずだ。そうすると、「幽霊を見た」というなら、それは裸のはずであり、服を着ているわけがない。それなのに、「幽霊を見た」という目撃談は、服を着たものばかりのようだ。「そんなことはあるはずがないので、見間違いに決まっている」ということである。

この疑問でまず問題なのは、「本当に服には霊魂がないのか」という点だ。それを確かめないまま、「ない」と決めつけて、「そんな幽霊があるはずがない」という結論に結びつけている。何度も言うが、非物質的な出来事について、よく把握できないのに、はじめから「こうだ」と決めつけて論じるのは、間違いのもとである。

私は、「生命がないものに〝霊魂〟はないだろう」と考えている。しかし、「〝霊的性質というべきもの〟がまったくないとは言えない」と思うのだ。それは、すでに説明したように、「物質と非物質とは連続している」という考え方ができることから想像できるだろう。

それはそれとして、服を着た幽霊のありそうな可能性として、次のような考え方ができる。

第二章で説明したように、体外離脱の時は、「現実と微妙にちがって見える」ということがあるらしい。つまり、〝非物質世界〟の出来事を〝見る〟場合、「想像や期待が入り込んで見える」らしいのだ。その場合、想像が入り込んで見えるというより、その世界では、想像や期待が「現実化する」と言えるのかもしれない。「現実化する」という表現が適切かどうかはわからないが、比較すべき〝物質的現実〟がないのだから、「現実化する」という表現もあながち的外れではないはずだ。

もし、そういうことが本当にあるのだとすると、次のような可能性が出てくる。

一つは、見る人の想像が入って、服を着た幽霊として〝見えている〟可能性である。もう一つは、幽霊となった人自身の「自分は服を着ている」という思い込みによって、服を着た状態が〝現実化〟している可能性だ。

ここまで、生まれ変わりや霊魂に関する疑問をいくつかあげてみた。「あるはずがない」という否定的な見方を、論理的な問いかけの形で表わせば、以上のような疑問になってくる。

それらの疑問に対して、可能性の面から考えてみた。当然のことながら、まだよくわからないことは多い。というより、「まったくわかってない」と言うべきだろう。

しかし、それでも「あるはずがない」と断言できないことは確かである。

従来の科学は、物質的事実しか把握していない。〝事実〟というもの自体が、物質を根拠にしたものなのだから、どうしてもそうなる。それに対して、霊魂は非物質世界の存在である。したがって、物質世界の法則との普遍性がない。そのため、私たちの理論や常識は通用しない。物質的理論で非物質世界のことがうまく説明できないのは、その意味で当たり前なのだ。だから、不合理が生じて、「あるはずがない」ように見えるのである。

第5節　「あるはずがない」という思い込み

ここまでは、論理的な疑問に焦点をあてて考えてきた。

けれども、第二章の終わりで少し述べたように、霊魂にかかわる現象は、はじめからレッテルをはって、「あるはずがない」と結論づけられる傾向がある。論理的にどうのこうの言うより、非論理的に決めつけられる場合のほうが多いようなのだ。

例えば、臨死体験で、マイクル・B・セイボム博士に対して「アメリカ医師会誌」に掲載された反論は、次のようなものである。

『セイボム先生は、そういう現象〔臨死体験〕を私が「幻想」と述べたことで私を批判しておられますが、私としましては、幻想という言葉を使うことで、この現象を患者の精神内界のものであるとしているわけです。…この現象を精神内界のものとしなければ、何か（霊魂？）が実際に本人から抜け出して診察台の上を飛びまわっていることになってしまうでしょう。霊が救急センターをうろつき回るという考えを受け入れないからと言って、人が科学信仰を持つことを弁明しなければならないとは、私には思えません』⒀。

これを読んでおわかりのように、「臨死体験を幻想とみなさなければ、霊魂か何かが人間の肉体から抜け出すことを認めることになるので、臨死体験は幻想である」と言っているわけだ。はじめから、「霊魂の存在を認めない」と決めつけているのである。

臨死体験が、必ずしも霊魂の存在を実証すると言えないことは、第二章で述べたとおりだ。しかし、科学的に事実を検討し、その結果、霊魂（霊魂と呼ぶのが適当かどうかは別にして）の存在が確かならば、認めていけない理由はどこにもない。

もう一つ、極端な例をあげよう。

青空や夕焼けは、光が空気中の微粒子にあたって散乱することで起こる。この現象は、十九世紀にイギリスのジョン・ティンダル（一八二〇年～一八九三年）という物理学者によって発見されたので、「ティンダル現象」とよばれる。ティンダルは、「電磁誘導」を発見したことなどで知られるマイケル・ファラデー（一七九一年～一八六七年）の後のイギリス王立研究所教授で、英国学術協会会長でもあった。いわば、当時の一流の科学者で、科学界の権威だった。

さて、彼の弟子に、ウィリアム・バレット（一八四四年～一九二五年）という物理学者がいた。バレットは、当初、〝トランス状態で見たもの〟というのは幻覚にすぎないと考えていたが、必ずしもそうでないらしい事例をみて、催眠術や霊媒について研究するようになった。その研究論文を英国学術協会に提出したところ、中には研究内容を支持する意見もあったという。それに対するティンダルの態度について、ウィスコンシン大学のデボラ・ブラム教授は、著書「幽霊を捕まえようとした科学者たち」

の中で、次のように書いている。

『ティンダルは怒り狂った。弟子がこれほど道を踏みはずしたうえ、自分の支配下にある協会までがそんなばかげた少数意見を支持するとは、とんでもない話だった。真の研究者ならば、思考伝達だの〝メンタリズム〟だのという自称霊能者どものたわごとは、いっさい、いっさい信じない。彼はそう述べた』(14)

つまり、ティンダルは、最初から、心霊現象を「信じるか信じないか」の問題にしていた。そして、「心霊現象など信じないのが、まともな科学者の態度だ」と頭から決めつけて、研究すること自体に反対していた。

ティンダルの演説などを読むと、どうも彼は「科学とキリスト教神学とは対立する」と考えていたらしい。「これからは、科学が宗教にとって代わる。宗教を信じるのではなく、科学を信じるべきだ。だから、心霊現象は信じるべきでない」という心理が感じられる。つまり、科学を〝信仰の対象〟とみなしているようなのだ。

十九世紀というのは、科学の発見があい次ぎ、その可能性が無条件で信じられていた時代であったろう。また、当時、心霊現象がブームであり、トリックによる実演が横行していたという背景もある。しかし、それらを考慮しても、このようなティンダルの考え方はいかがなものだろうか。

先入観をすてて、なるべく客観的な立場で事実を確認し、それに基づいて物事を判断することは、科学の考え方の基本中の基本であるはずだ。もちろん、人が何と言おうと、「こうではないか」と自分の信じるところを貫く姿勢は、科学に限らず大切である。しかし、問答無用で「あるはずがない」という〝決めつけ〟になってしまっては、思考停止である。それこそ科学的態度ではない。

ところが、心霊現象の問題では、そういう例が随所に見られる。「オカルトだからまゆつばだ。まともな科学が扱うことではない」といった扱われ方になる。

このことについて、立命館大学の安斎育郎教授が、著書「だからあなたは騙される」の中で、「思い入れは○、思い込みは×」と述べていることが、そのまま当てはまる。それは、次のような指摘である。

『思い込みは錯誤の世界への入り口――「思い入れ」は○、「思い込み」は×

錯誤の世界への巨大な入り口の一つが、「思い込み」だ。前節の「俺がこの目で見たんだから正しい」というのも、感覚器官が絶対化する「思い込み」、体験を絶対化する「思い込み」にほかならない。

「思い込み」は、状況に即して自分で考えることをやめることであり、あらかじめ頭の中にパターンとして成立している思考回路で情報を略式処理しようとする方法である。


何かの問題に直面した時、その問題を何が何でも解こうという強烈な「思い入れ」はなければならないだろう。それは問題解決に取り組む不退転の決意、強い意志を作り出す源泉である。しかし、「問題解決の方向性はこれしかない」という「思い込み」は危険だ。

「思い込み」という言葉を英語で表現すると、「ビー・ポゼスト・ウイズ・アン・アイデア」＝「ある考えに取り憑かれること」となるだろう。「ポゼス」という言葉は、「（悪霊等が人に）取り憑く」とか、「（ある考えや感情などが）心を捉える、虜にする」とかいったニュアンスを持つ。ある考えが心を占領し、あれこれといろいろな角度から考えるゆとりのない状態を表現する言葉である。

一方、「思い入れ」のほうは「自分の思いを対象に注ぎ込むこと」であり、こちらは「自らの意志の力で対象に意を注ぎ込む行為」である。対象に対する「思い入れ」がないようでは、問題解決への強い意志は生まれないから、多少の困難も何のその、問題解決を希求してやまない強烈な意志を持つためには、強い「思い入れ」が必要である。「解決しようが解決しまいが、そんなことはどうでもいい」という程のいい加減な思いでは、解決はとてもおぼつかない。

「思い込み」の危険性は、近代心霊術の幕開けを告げる事件でも既に見られたものである』⑮

安斎教授は、十九世紀に起こったショー的な心霊現象の実演の中で、安易に「霊のしわざだ」と人々が思い込むことが多かったため、それを戒める意味で以上のことを述べている。

こうした叙述は、「霊魂などあるはずがない」という否定的な思い込みの場合も、同じように当てはまる。

「この目で見たんだから間違いない」と安易に信じる思い込みが、感覚を絶対化しているように、「あるはずがない」という否定的な見方も、「この目で見えないし、触れもしないんだからあるはずがない」というところに端を発している。ちょうど逆の意味で、感覚を絶対化していることになるのだ。

「あるはずがない」という思考回路が出来てしまうと、新たな事実が出てきても、それを詳しく検討するとか、それに基づいて自分で考えることをやめてしまう。「はじめに結論ありき」になってしまうのだ。

こういう考え方ほど、非科学的、反科学的な考え方はないだろう。

なぜ、科学が信じるに値するのか。それは、科学が、事実に基づいて、つまり「実際にどうなのか」に基づいて、考えを積み重ねていき、推論していくものだからだ。だからこそ、真理にいたることができる。それこそが、科学の根本なのだ。

それを、はじめから思い込みで、結論を決めつけて物事を判断するのでは、科学の意味はない。科学はイデオロギーではないのである。

では、なぜ、そのような思い込みが生まれるのだろうか。

「科学的」の二つの意味「理解すること」と「探究すること」

それをわかりやすく述べるために、「科学的」の意味を、もう一度考えてみよう。
「科学的」ということには、少なくとも次の二つのとらえ方がある。

①出来上がった理論でもって「科学的に理解する」

これは、「理解すること」に重きを置いたとらえ方である。

現在、自然界の日常的な現象がどのように起こるのかは、そのほとんどが物理的・化学的に説明がつけられる。そこで、そういう物理的・化学的に確立した法則や理論にのっとって、〝科学的に〟自然現象を理解しようとする。自然現象を、「出来上がった科学理論にのっとって理解すること」が〝科学的〟だというとらえ方だ。このとらえ方だと、「出来上がった科学理論を受け入れて、それでもって現象を説明しようとすること」になる。

②科学を「方法として」理解する

もう一つは、「考え方や探究方法」に重きをおいたとらえ方である。

科学を〝方法〟とみなし、「科学的に探究すること」を主体に考える。科学的方法を活用して、物事を探究し、明らかにすることを、「科学的」とするわけだ。観測や実験というのも、科学的探究方法の中の、一つのやり方にすぎない。未知のものを探究するときは、この「方法」という考え方が必要だ。

以上のように、「科学的」といっても二つの側面がある。

では、「霊魂などあるはずがない」という思い込みが生まれやすい理由は何か。それも、科学者や知識人のほうに、そういう思い込みを持つ人が多いようなのは、なぜか。

それは、科学者や知識人は、科学理論や知識に詳しいからである。だから、「科学的」のとらえ方が、前者の「科学的に理解すること」にかたよりやすい。「すでに確立した理論で自然現象を〝理解する〟ことが科学的だ」という見方が強くなり過ぎるのだ。そして、後者の、「方法として」理解するとらえ方が弱くなる。

すると、どうなるのか。

例えば、心霊現象を科学的に解明するといえば、「霊魂による現象とは言えないことを、従来の科学知識でいかに説明するか」になってしまうのだ。それが「科学的考え方だ」ということになってしまう。

以下に紹介するのは、福澤義晴教授の科学的考え方に関する文章である。

『現在の学校教育では、発見によって生み出された科学の知識と、その知識の使い方については教えているが、その発見がいかになされたか、については教えていない。すなわち、科学の考え方である思考法が凝縮されている、発見に至るまでの思考の過程については、知識として教えていないのである。例えば、物理の運動を説明する有名なニュートンの運動の法則と、その運動を数学的に表わした運動方程式という科学の知識は、その方程式を使って実際の力学問題をどう解くかという知識の使い方も含めて、学校教育で十分教えているが、ニュートンがどのような思考をしてそのような発見をなしたのか、ということについては知識として教えていない。それは、現代の大学や大学院の理系の学生の教育においてさえも、状況は同じである』(16)

つまり、今の教育では、科学的探究の結果としての知識や理論は教えているが、「考え方」のほうは教えていないということだ。

さらに、元セゾングループ代表の堤清二氏は、かつてのオウム真理教事件のときに、次のように述べたことがある。

『私は六つばかりの大学で非常勤講師をやったことがあるが、その経験からいうと、一流校の大学生ほど自分の頭で考える能力が低いということです。暗記力、記憶力は抜群の秀才だが、応用問題となると全然ダメ。したがって、このままでは、間違った情報をインプットされても、ただ精密に実行していくだけの秀才ばかりになってしまう。かつての日本陸軍のように、政策立案能力はゼロで、遂行能力だけの秀才教育になる。やはり、ここらで人間をダメにする教育制度を抜本的に改革しなければならないと思う』(17)

今の日本の受験勉強というのは、暗記中心の勉強である。「問題を解くために、いかに解答に直結した知識を覚えるか」「いかに覚えた知識をあてはめるか」、そういう頭の使い方が中心になっている。

そこでは、「すでに解答がどこかにある」ことが前提となる。どこかに「すでに答えが与えられている」ことが前提であって、「その答えをいかに早く見つけるか」が考え方の中心になる。

そういう勉強ばかりしていると、自分の頭を使って考える能力が低くなり、応用問題に対応できなくなると、堤氏は言っているわけだ。場合によっては、「勉強すればするほど頭が悪くなる」ということが起こり得ることになる。

この「すでにある答えを見つけること」は、「すでに出来上がった科学理論でもって自然現象を理解すること」と同じなのだ。そして、そういう勉強のしかたからは、「答えがないかもしれない」とか「従来の理論で説明できないことがある」という発想が生まれにくい。

すると、どうなるのか。

すでに確立された理論や法則をそのまま発展させていけば解明できる現象については問題ないが、霊魂のような、異質の、未知のものに対しては対応できなくなるのである。〝非物質的なこと〟を物質理論で説明できないのは当たり前なのに、そこに気がつかなくなるのだ。

生まれ変わりとか霊魂とかの問題を科学的に考えるとなると、まだ出来上がった理論も方法もない。しかも、従来の科学の体系とは異質であるし、解明できるかどうかもわからない。それゆえ、自分の頭を使って考えるよりも、これまでの物質主体の理論に照らし合わせて「あるはずがない」となりやすいのである。それも、なまじ科学的知識がある人のほうがそうなりやすくなるのだ。

日本人に多い思い込み

日本人は、この「思い込み」の傾向が特に強いようである。

そのことに関して、国際臨死体験研究会の創立メンバーで京都大学大学院人間・環境学研究科教授でもあるカール・B・ベッカー博士は、一九八六年に次のように述べている。

『日本は不思議な国です。明治以前には「霊」の存在を当然のこととしてきたのに、今では（お盆の「迎え火」など形骸化された風習としては昔のなごりが残っているもののの）、過去の欧米に追従して、この種の現象を真面目に考えようとしない風潮が、特に科学者の間に強くあります。アメリカでは、否定的なものにしても、最初から一流の研究者が一流の医学雑誌で論じていますし、アメリカ心理学会でも既に一九七七年から、毎年ではないにせよこの種のシンポジウムが行われております。日本でも、個人的に話した範囲では、ある心身医学の大家をはじめ、臨死体験に関心を示す科学者も少なくないという印象を受けているのですが、なぜ科学の世界でこのような問題が取り上げられないのでしょうか。

現在、この方面の研究が実際に行われているのは、アメリカ以外にも、スウェーデン、イギリス、フランス、イタリアなどがあります。欧米諸国はこの方面で、ある意味ではむしろ昔の日本に近づきつつあるのに、逆に日本は、過去の欧米水準から一歩も進もうとしないのは、まことに皮肉というほかありません』(18)

さらに、臨死体験や前世研究の本を翻訳して日本に紹介している笠原敏雄氏によれば、イギリスの「ランセット」という世界的にも一流の医学雑誌にも、〝肉体を離れた意識〟の存在を肯定するような論文が掲載されることもあるという(19)。

最近、欧米の調査でも、生まれ変わりを信じる人が増加しているらしい。けれども、科学者の世界では、生まれ変わりや霊魂を否定的にとらえる人のほうが、おそらくまだ圧倒的に多いだろう。それでも、科学的に研究しようという姿勢は、欧米には「ちゃんとある」ということではないか。

これに対して、日本では、臨死体験に関する学会も〝科学的に〟研究している大学もないし、論文が掲載されることもほとんどないようだ。第二章で、科学的根拠となる〝事実〟を紹介したが、それらの研究は外国の学者によるもので、日本人の手になるものはほとんどない。日本人には、未知の物事の本質を真剣に科学的に追究しようという姿勢が足らないように思えてならない。

「その理由は」といえば、一つには、受験勉強の影響があるだろう。すでに述べたように、暗記中心、〝理解中心〟の勉強ばかりしてきた人が多いためだ。

そして、もう一つ、日本がたどってきた歴史がある。

ご存知のように、日本は、一八六八年の明治維新で、江戸時代からの封建制を否定した。そして、外国と対等につきあうために、欧化政策をとった。当時の西洋の学問や技術などを、先を争って取り入れた。その背景には、「そうしなければ外国の植民地になりかねない」という危機感があった。その結果、服装から何から一変した。当時の人々にとっては、ものすごいカルチャーショックだったはずだ。

学問や技術を早く取り入れるには、とにかく〝まねる〟ことである。疑問を抱いてはまねられない。暗記と同じである。あれこれ考えず、そのまま取り入れる。

そこでは、「西洋の学問や文化にいかに通じているか」が知識人の証しのようにみなされ、「西洋のものならなんでも高級だ」という風潮となる。

すると、「西洋文明のほうが程度が高いのだから、そのまねをしていればよい。それに通じた自分たちは、あらゆる点で昔の人よりも程度が高い」ということになる。

これは、西洋科学を無条件で礼賛することだ。

そしてその礼賛は、「科学はこれだけの文明を生み出したのだから、科学で解明できないことはない」という科学万能主義へとつながっていく。

一方で、それまでの文化や習俗については、時代遅れと断じることにつながる。霊魂の存在などは、まさに「科学で実証できないんだから、あるはずがない。そんなものは低級な人が信じる迷信だ」と断じられやすい。

それは、いわば〝科学信仰〟である。〝信仰〟の対象が神仏から科学にとってかわったのである。

さらに、日本は、太平洋戦争で敗戦を経験した。その結果、「アメリカ的なものならなんでも高級だ」という風潮が強くなった。そして、「技術が発達し、生活が豊かに便利になりさえすれば、それだけで世界はよくなる。人間も幸せになれる」という風潮が生まれた。いわば〝技術信仰〟〝物信仰〟だ。

また、〝科学信仰〟もさらに強くなり、今にいたるまで尾をひいている。その結果が、第一章の冒頭で述べた、「そんな非科学的なことはあるはずがない」という田沼さんの言葉である。

「従来の科学的知識がすべてだ」と思っているから、「それで説明できない現象がある」という意見に耳をかすことができない。霊魂の存在を認めると、自分自身が低級な人間になるような気がする。だから、「あるはずがない」とまくしたてることしかできない。「霊魂や死後の世界を信じないことが、知識人の証しだ」という態度になる。

そして、自分の頭でものを考えず、生まれ変わりとか霊魂とかいう表面的な言葉のレッテルだけで、「非科学的だ」と言うようになる。

ベッカー博士が、「日本では、このような問題が科学の世界で取り上げられず、過去の欧米水準から一歩も進もうとしない」と言ったのは二十年以上も前だが、その状況は今もあまり変わってないようだ。

心霊現象を認めると、何がひっくり返るのか？

では、どうすればよいのだろうか。

「暗記中心の勉強がよくない」と言ってみたところで、教育のやり方というのは、そう簡単に変えられるものではない。それに、「覚え、まねすること」は学ぶことの基本である。暗記自体がよくないわけではないのだ。これまでの科学的知識や理論が間違っているわけでもない。

問題なのは、「それがすべてだ」と思い込むことである。必要なのは、「これまでに得られた科学的知識や理論は、そういうものなんだ」という〝知識の性格〟を理解することである。それが、知識や理論を活かすことにもつながる。「それがすべて」になってしまっては、進歩がなくなるのだ。
「いわゆる心霊現象というようなものが本当に存在するのならば、これまでの科学理論はみなひっくり返ってしまう」という主張があるそうだ（20）。

これは、まことに象徴的な言い方である。「心霊現象が本物なのか、これまでの科学理論が本物なのか、どちらかしかない」と言っているわけだ。これでは進歩がない。心霊現象もきちんと説明できるようにするために、どうすればよいか考えるところに、科学の本当の進歩があるのではないのか。

それに、心霊現象があったとしても、これまでの科学理論はひっくり返ったりはしない。例えば物理法則は、心霊現象があろうとなかろうと、物質的事実に基づいてちゃんと成り立っている。「これまでの科学理論がすべてだ」と思っているから、それと異質の現象を認めてしまうと、ひっくり返ってしまうように思えるのだ。ひっくり返るのは、「これまでの科学理論」ではなくて、「それがすべてだという思い込み」のほうなのである。

第6節　私たちはどうすればよいのか？

私は、常日頃から、科学とは〝信仰するもの〟ではなく、〝活用するもの〟だと思っている。もし「科学と宗教とは違う」とするなら、〝結論〟が違うのではなく、〝結論の出し方〟が違うだけである。科学的な考え方の基本は、何度も言うように、事実をできるだけ把握し、それに基づいて推論することである。その推論の結果、生まれ変わりや霊魂を認める結論が得られたとしても、何の問題もないはずである。

そして、生まれ変わりや霊魂を明らかにするのに、やはり科学的な考え方は必要だろう。そうでなければ、この手の問題はおかしな方向へ行ってしまいかねない。

そういう〝科学的な考え方〟は、意外にも、仏教の釈迦の考えにも相通じるものがある。第三章でふれたように、釈迦は、頭の中だけの理解や理屈で議論したり判断したりすることを避けていたからである。

もう一つ、頭においておくべきなのは、いわゆる科学的方法というのは「適不適がある」ということだ。研究対象の性質とか条件によって、方法が適する場合と適さない場合とがある。

科学的方法というと、すぐデータの測定分析とか実験とかを思い浮かべる人がいる。それが間違っているわけではない。しかし、それは、正確な事実を確かめ、推論と実証をするための方法の一つにすぎない。データの測定分析や実験は、物質的現象を把握するのには適している。だからこそ、そういう分野の科学がここまで発展してきた。

しかし、〝非物質的現象〟についてはどうだろうか。

すでに説明してきたように、〝非物質的現象〟というのは、事実を確かめるのがやっかいだ。

そうなると、はっきりした〝事実〟を確かめにくいような、霊魂に関係する現象というのは、やはり科学にはそぐわないのではないか。そういう意見が出てくるはずだ。科学は、再現性のあるような物質的現象だけを扱っていればよい。そういう物質的法則を明らかにするのが科学の役割なのであって、霊魂に関係する現象を解明するのは、科学の役割ではないという意見である。

そういう意見は、決して間違っているとは言えない。

科学は、事実をどうやってとらえるか。その基本は〝観察〟である。自然現象、その物質の動き、物質と物質の関係、それが生物の場合もあるが、そういうものをまず詳しく観察する。そこから、「こういう場合は共通してこうなる」「別の場合はああなる」という傾向を見出すことができる。そうやって法則を推論し、明らかにしていくわけだ。

「法則を推論する」ということは、そこに、何かの共通する傾向を見出さなければならない。何か一つの共通するものが普遍的に成り立つらしいことを発見するのが、法則を推論することだからだ。そうすると、その前提として、「全体像がつかむこと」が必要になってくる。全体像がみえなければ、共通のものを見出すのが難しくなるのは当然である。

ところが、〝霊的世界〟というべき非物質世界の状態は、観察できない。観察できる物質的な現象、それはいわば〝表に現れた現象〟だ。

しかも、〝カードのたとえ〟で説明したように、〝表に現れない非物質世界〟というのは、そんなに単純なものではないらしい。〝非物質世界〟は、物質的な常識が通用せず、それよりも奥が深いものかもしれない。であれば、どうすれば、そこに共通する法則を見出すことができるのか。

「生まれ変わりがある」と明らかにすることは、おそらくできるだろう。なぜなら、第二章に書いたように、そのように推論できる〝事実〟は、すでにある程度とらえられているからである。「ほとんど実証できている」と言ってもいいのかもしれない。ただ、問題はその先なのだ。

生まれ変わりがあるらしいことはわかったが、「生まれ変わりとは、そもそも何がどうなることをいうのか」という疑問は明らかにできていない。それがわからないのに「生まれ変わりがある」と言えるのか、ということになる。

そうした疑問に答えるには、〝霊的世界の全体像〟をある程度つかまなければならないだろう。けれども、科学的方法でそれをつかむのは至難のわざである。科学は、観察という手段で事実を確かめるのだが、物質的なものを観察するだけでは、確かめられる〝事実〟があまりに限られてしまうからだ。

ちょうどそれは、氷山のようなものである。氷山というのは、ほぼ九割が水面下に沈んでいて見えない。だから、水面上の部分を見ただけでは、水面下がどうなっているか推測できない。

そのあたりが、〝科学の限界〟なのだ。

だから、生まれ変わりや霊魂の法則を解明するのに、科学的方法はそぐわない。そういう問題は、科学の対象にならないということになる。

しかし、一方で、「そう言い切れるほど、科学者は霊魂の問題を追究したのか」とも思うのだ。

「実際にどうなのか」を確かめ、それに基づいて推論していく考え方は、何によらず大切である。ならば、霊魂に関係する現象も、どこまで明らかにできるか、今はまず、その努力をしていくべきではないだろうか。

現代科学だって、結局、そういう考え方で発展してきて、今のような姿に出来上がったのだ。現在の科学理論が、最初からあったわけではない。それは、四百年にわたる先人たちの努力のたまものである。ガリレオ以来積み重ねられ、体系づけられ、理論づけられて発展してきたものだ。今度は、そういう努力が霊魂のような〝非物質的現象〟の分野でなされる時ではないのか。

霊魂に関する現象は、何をどう確かめていけばよいのか。それはどういう条件で起こるのか。どこまで理論づけられるのか。そのあたりは、むしろこれからの問題だろう。生まれ変わりや霊魂のしくみを完全に明らかにするのは難しいだろうが、解明しにくいものを解明しようとするところに進歩があるはずだ。

〝非物質的現象〟の探究は、今のところ、方法が確立しているとは言いがたい。こういうときは、ありのままの事実を優先尊重する姿勢が大切である。「こういう事実は、これまでの理論や常識に合わないから間違いだ」というような、事実をふるいにかけるような見方は慎まなければならない。

非物質的な現象を、安易に「霊のしわざだ」とか「心霊現象だ」と思い込むことはいけないが、かといって、頭から「そんなことはあるはずがない」と思い込むのも正しいとは言えない。慎重に、思い入れを持って、問題の解明にあたればよい。それこそが科学的考え方の心構えである。生まれ変わりや霊魂に関係した現象の探究には、そういう態度がもっとも必要だろう。

これまでの科学は、物質を中心にした探究だった。それは、物質的現象は事実確認がしやすく、これまでの科学の探究方法が、物質的現象を確かめ、検証するのに適していたからにほかならない。

さらに、物質的法則というのは、技術に応用しやすい。技術というのは、物を使い、機械などを使い、物質を応用した開発なのだから、物質の法則がもとになる。物質科学のこれまでの発達は、文明の発展の方向が、「生活をいかに便利にするか」とか「技術をいかに発展させるか」であったことと無縁ではないと思う。

けれども、環境問題や資源問題など、物質文明が行き詰まりを見せている今、生まれ変わりや霊魂などの〝非物質〟の分野に焦点をあてるべき時が来ているのではないだろうか。

おわりに

「生まれ変わりなどあるはずがない」という思い込み、それは結局、科学に対する思い込みである。「物質科学がすべてだ」という思い込み、科学を宗教のように信仰する思い込み――「あるはずがない」というのは、そういう思い込みなのだ。

「あるはずがない」という思い込みをすてることは、科学をきちんと理解することにつながる。

科学とは、そもそも、何なのか。

それは、結局、「真理を明らかにする」ということだ。

本書で「科学」「科学」とさんざん言ってきたが、科学の本質は、それだと思う。対象が物質世界であろうと、非物質世界であろうと、「真理を明らかにしようとする」のが、科学のあるべき姿勢である。ただ、従来の科学的方法、観察や実験などのやり方が、非物質の分野に適していないかもしれないということにすぎない。

「あるはずがない」という思い込みをすてることは、「あるかもしれない」という立場に立つことである。すると、「生まれ変わりとはどういうものなのか？」「そのしくみや法則は？」「今の人生と前世とのつながりは？」「来世とのつながりは？」という疑問が、次に出てくるはずだ。

それを考えたとき、科学と宗教との距離が、今度は縮まってくるのではないだろうか。

科学が「真理を明らかにすること」であるのならば、宗教とは何か。

あえてひと言で言い切ってしまえば、「人を救い、幸福にすること」である。宗教の本質を考えていくと、結局、そういうことになると思う。

「生まれ変わりがあるかもしれない」ということになれば、科学と宗教とに、補い合えるものが出てくるかもしれない。

科学の側からすればどうか。

今まで「あるはずがない」で片づけていたことを見直す必要が出てくる。

科学が「真理を明らかにすること」であるならば、これまでの物質的なことだけでなく、非物質的なことも明らかにしようとする姿勢を持つべきである。なぜならば、それが、「人生」に、そして「生きること」に直結する、重要な問題だからだ。「生きること」の問題が、次第に深刻さを増している今、「生まれ変わりのような現象は観察や実験に適さないから、科学の役割ではない」などというのは、「逃げ」ではないだろうか。

ただ、非物質的なことを明らかにするには、従来の科学的方法では不充分かもしれない。ならば、例えば、宗教的体験のようなものが役立たないか。

また、宗教の側からすればどうか。

宗教の教えが、単に「ありもしないこと」を信じる気休めのようなものならば、そんな「救い」は、もはや意味がないだろう。

けれども、「生まれ変わりがある」のなら、「死ぬこと」は必ずしも終わりでなくなる。今の生き方を、前世や来世とのつながりをふまえて考える必要が出てくる。生まれ変わりが真理で、人生に何らかの法則があるのならば、それを知らずに人間の苦しみや悩みに本当に対処できるものではない。

そしてそのとき、まず必要とされるのは、「生まれ変わりのしくみや法則はどうなっているのか」ということだ。

さらに、これまで、〝科学的な考え方〟というのは、科学の専売特許のように思われてきたが、釈迦の考え方にも〝科学的な考え方〟に通じるものがある。

だから、科学と宗教とは、そんなに相いれないものではないのである。本質や目的は違うけれども、いや、本質や目的が違うからこそ、科学と宗教とが、お互いに足りないところを補っていくべきである。人類の未来のために――。

混迷の度を深めていく今の世の中をみるにつけ、「科学だ」「宗教だ」という垣根を越えるべき時が来ていると思わざるを得ない。「生きること」を明らかにするために、そうあるべきだと思う。

ガリレオが、望遠鏡を発明して、地球が太陽の周りをまわっていることを確かめ、宗教裁判にかけられたのは一六一六年である。それから四百年が過ぎようとしている。その間、科学は物質的な法則を明らかにしてきた。そして、これまで、人類の文明は物質的には目をみはるほどの発展をとげてきた。これからも、物質的、技術的には、ますます発展を続けていくことだろう。

しかし、そういう発展をとげ、便利で豊かになった今の日本で、自殺者の増加や、道徳心の退廃が社会的問題となっているのは、まことに皮肉にみえる。物質的な分野だけでなく、精神的な分野、心の分野はどうなのか。人類は、物質だけでなく、心の分野でも発展していくべきだと思う。それで初めて釣り合いがとれると思うのだ。

それは、まず、「生まれ変わりなどあるはずがない」という思い込みをすてるところから、始まるのではないか。

そこから得られる知識は、従来の物理法則のように、必ずしも技術に応用され生活を便利にすることにはつながらないかもしれない。しかし、その代わりに、「生きること」の意味を知り、人生を豊かにすることにつながるだろう。

今、私たちは、その扉の前に立っているのではないだろうか。

●参考文献

第一章

（1）渡邊直樹責任編集「宗教と現代がわかる本　2009」平凡社 p 284参照

（2）佐々木力「科学論入門」岩波新書 p 8 参照

（3）「広辞苑」岩波書店から引用

（4）佐々木力「科学論入門」岩波新書 p 31参照

（5）池内了「娘と話す科学ってなに？」現代企画室 p 41参照

（6）伊勢田哲治「疑似科学と科学の哲学」名古屋大学出版会 p 161参照

（7）伊勢田哲治「疑似科学と科学の哲学」名古屋大学出版会 p 161 ～ 162参照

（8）野田又夫責任編集「世界の名著22　デカルト」中央公論社参照
井上庄七・小林道夫編集「科学の名著　第Ⅱ期７　デカルト」朝日出版社参照

（9）伊勢田哲治「疑似科学と科学の哲学」名古屋大学出版会 p 162 ～ 164参照

(10) 福澤義晴「科学の発見はいかになされたか」郁朋社 p 25から引用

(11) 福澤義晴「科学の発見はいかになされたか」郁朋社 p 76 ～ 77参照

(12) C. U. M. スミス　八杉龍一訳「生命観の歴史」岩波書店 p 53 ～ 55参照
※なお、原文では「プシュケ」と訳されているが、「プシケー」という言葉のほうが一般的であるため、本書もそれにならった。

(13) C. U. M. スミス　八杉龍一訳「生命観の歴史」岩波書店 p 172 ～ 186参照

(14) 鈴木貞美「生命観の探究」作品社 p 109参照

(15) C. U. M. スミス　八杉龍一訳「生命観の歴史」岩波書店 p 194 ～ 197参照
二宮陸雄「ガレノス　霊魂の解剖学」平河出版社 p 538 ～ 539参照

(16) C. U. M. スミス　八杉龍一訳「生命観の歴史」岩波書店 p 272参照

(17) C. U. M. スミス　八杉龍一訳「生命観の歴史」岩波書店 p 319参照

(18) C. U. M. スミス　八杉龍一訳「生命観の歴史」岩波書店 p 339 ～ 341参照
(19) C. U. M. スミス　八杉龍一訳「生命観の歴史」岩波書店 p 402 ～ 406参照
(20) 平田寛編「定理・法則をのこした人びと」岩波ジュニア新書 p 66 ～ 67参照
(21) 平田寛編「定理・法則をのこした人びと」岩波ジュニア新書 p 18 ～ 19参照
(22) C. U. M. スミス　八杉龍一訳「生命観の歴史」岩波書店 p 344 ～ 352参照
(23) 真島英信「生理学」文光堂 p 26 ～ 28参照
(24) C. U. M. スミス　八杉龍一訳「生命観の歴史」岩波書店 p 356参照
(25) C. U. M. スミス　八杉龍一訳「生命観の歴史」岩波書店 p 360 ～ 361参照
(26) 平田寛編「定理・法則をのこした人びと」岩波ジュニア新書 p 178 ～ 179参照
(27) 平田寛編「定理・法則をのこした人びと」岩波ジュニア新書 p 60 ～ 61参照
(28) 平田寛編「定理・法則をのこした人びと」岩波ジュニア新書 p 200 ～ 201参照
(29) C. U. M. スミス　八杉龍一訳「生命観の歴史」岩波書店 p 192 ～ 194、 p 481 ～ 485参照
(30) C. U. M. スミス　八杉龍一訳「生命観の歴史」岩波書店 p 500 ～ 501参照
(31) 真島英信「生理学」文光堂 p 121 ～ 135参照
(32) C. U. M. スミス　八杉龍一訳「生命観の歴史」岩波書店 p 500 ～ 515参照
(33) 福永篤志「図解雑学　よくわかる脳のしくみ」ナツメ社 p 73参照
(34) 本間三郎「脳と心のメカニズム」講談社学術文庫 p 17 ～ 19参照

第二章

（1）イアン・スティーヴンソン　笠原敏雄訳「前世を記憶する子どもたち」日本教文社 p 196 ～ 217参照
ジム・B・タッカー　笠原敏雄訳「転生した子どもたち」日本教文社 p 22 ～ 37参照
（2）ジム・B・タッカー　笠原敏雄訳「転生した子どもたち」日本教文社 p 13 ～ 21参照
（3）ブルース・グレイソン＆チャールズ・P・フリン共編　笠原敏雄監訳「臨死体験《ニアデス》」春秋社 p 118参照
（4）ジム・B・タッカー　笠原敏雄訳「転生した子どもたち」日本教文社 p 29 ～ 37参照
（5）カール・セーガン　青木薫訳「カール・セーガン　科学と悪霊を語る」新潮社 p 302から引用
（6）イアン・スティーヴンソン　笠原敏雄訳「前世を記憶する子どもたち２　ヨーロッパの事例から」日本教文社参照
（7）ブライアン・ジョセフソン　茂木健一郎・竹内薫訳「ノーベル賞科学者ブライアン・ジョセフソンの科学は心霊現象をいかにとらえるか」徳間書店 p 21参照
（8）トム・シュローダー　大野百合子訳「前世を覚えている子どもたち」㈱ヴォイス p 327 ～ 330参照
（9）伊勢田哲治「疑似科学と科学の哲学」名古屋大学出版会 p 115参照
(10) 中谷宇吉郎「科学の方法」岩波新書 p 6 ～ 7から引用
(11) 福澤義晴「科学の発見はいかになされたか」郁朋社 p 155 ～ 162参照
(12) 片桐すみ子編訳「輪廻体験」人文書院 p 40 ～ 50参照
(13) ブライアン・L・ワイス　山川紘矢・・山川亜希子訳「前世療法２」ＰＨＰ研究所 p 12 ～ 30参照
(14) 片桐すみ子編訳「輪廻体験」人文書院 p 23 ～ 26参照
(15) ブライアン・L・ワイス　山川紘矢・・山川亜希子訳「前世療法２」ＰＨＰ研究所 p 40参照
(16) ブライアン・L・ワイス　山川紘矢・・山川亜希子訳「前世療法」

ＰＨＰ文庫ｐ257参照
Ｊ・Ｌ・ホイットン他　片桐すみ子訳「輪廻転生」人文書院ｐ17参照

(17) イアン・スティーヴンソン　笠原敏雄訳「前世を記憶する子どもたち」日本教文社ｐ71～77参照

(18) イアン・スティーヴンソン　笠原敏雄訳「前世を記憶する子どもたち」日本教文社ｐ79～80参照

(19) イアン・スティーヴンソン　笠原敏雄訳「前世を記憶する子どもたち」日本教文社ｐ78～79参照

(20) グレン・ウィリストン＆ジュディス・ジョンストン　飯田史彦翻訳・責任編集「生きる意味の探究」徳間書店ｐ92～101参照

(21) グレン・ウィリストン＆ジュディス・ジョンストン　飯田史彦翻訳・責任編集「生きる意味の探究」徳間書店ｐ100～101から引用要約

(22) 片桐すみ子編訳「輪廻体験」人文書院ｐ23～26から引用要約

(23) マイクル・Ｂ・セイボム　笠原敏雄訳『「あの世」からの帰還』日本教文社ｐ23～98参照

(24) マイクル・Ｂ・セイボム　笠原敏雄訳『「あの世」からの帰還』日本教文社ｐ26、31、36、48～56参照

(25) マイクル・Ｂ・セイボム　笠原敏雄訳『「あの世」からの帰還』日本教文社ｐ101～102参照

(26) ブルース・グレイソン＆チャールズ・Ｐ・フリン共編　笠原敏雄監訳「臨死体験《ニアデス》」春秋社ｐ308～310
レイモンド・Ａ・ムーディ・Jr.笠原敏雄・河口慶子訳「光の彼方に―死後の世界を垣間みた人々」ＴＢＳブリタニカ　ｐ121～124参照

(27) レイモンド・Ａ・ムーディ・Jr.笠原敏雄・河口慶子訳「光の彼方に―死後の世界を垣間みた人々」ＴＢＳブリタニカｐ42参照
マイクル・Ｂ・セイボム　笠原敏雄訳『「あの世」からの帰還』日本教文社ｐ31参照

(28) マイクル・Ｂ・セイボム　笠原敏雄訳『「あの世」からの帰還』日本教文社ｐ290～328参照

(29) マイクル・B・セイボム　笠原敏雄訳『続「あの世」からの帰還』日本教文社 p 40参照
(30) マイクル・B・セイボム　笠原敏雄訳『「あの世」からの帰還』日本教文社 p 11参照
(31) マイクル・B・セイボム　笠原敏雄訳『「あの世」からの帰還』日本教文社 p 202 ～ 206参照
(32) 立花隆「臨死体験　下」文春文庫 p 170 ～ 171から要約
(33) ケネス・リング　中村定訳「いまわのきわに見る死の世界」講談社 p 209から引用
(34) マイクル・B・セイボム　笠原敏雄訳『続「あの世」からの帰還』日本教文社 p 254 ～ 257参照
(35) 坂本政道『「臨死体験」を超える死後体験 I 』ハート出版 p 20 ～ 25参照
ロバート・A・モンロー　坂場順子訳　笠原敏雄監修「魂の体外旅行」ハート出版 p 27 ～ 31参照
(36) ロバート・モンロー　坂本政道監修　川上友子訳「体外への旅」ハート出版参照
坂本政道『「臨死体験」を超える死後体験 I 』ハート出版　p 57 ～ 62参照
(37) 坂本政道『「臨死体験」を超える死後体験 I 』ハート出版　p 14参照
(38) ロバート・A・モンロー　坂場順子訳　笠原敏雄監修「魂の体外旅行」日本教文社 p 448参照
(39) ロバート・ピーターソン　越宮照代訳「体外離脱を試みる」㈱ヴォイス p 240参照
(40) 坂本政道「体外離脱と死後体験の謎」学習研究社 p 71参照
(41) ロバート・モンロー　坂本政道監修　川上友子訳「体外への旅」ハート出版 p 79 ～ 82参照
(42) 坂本政道「体外離脱と死後体験の謎」学習研究社 p 118から引用
(43) 池川明「子どもは親を選んで生まれてくる」日本教文社 p 115以降参照

(44) ロバート・モンロー　坂本政道監修　川上友子訳「体外への旅」ハート出版p16から引用

第三章

(1) 河野勝彦「死と唯物論」青木書店p59～71参照
(2) ジョージ・S・クーパー「人間の運命――古代メソポタミアにおける死と来世」
ウィリアム・J・マーネイン「これを持ってあの世へ――古代エジプトにおける死と来世」
(ヒロシ・オオバヤシ編　安藤泰至訳「死と来世の系譜」時事通信社所収参照)
(3) B・チェントローネ　斉藤憲訳「ピュタゴラス派　その生と哲学」岩波書店p65～73参照
(4) プラトン「パイドン」田中美知太郎責任編集「世界の名著　プラトン　I」中央公論社p511～552参照
(5) プラトン「国家」田中美知太郎責任編集「世界の名著　プラトンII」中央公論社p390～402参照
(6) 読売新聞2009年4月17日
(7) 中村廣治郎「イスラム教入門」岩波新書p156～157参照
(8) ジム・B・タッカー　笠原敏雄訳「転生した子どもたち」日本教文社p236参照
ブライアン・L・ワイス　山川紘矢・山川亜希子訳「前世療法」PHP文庫p48～49参照
(9) 甚野尚志「中世の異端者たち」山川出版社p29～32参照
(10) イアン・スティーヴンソン　笠原敏雄訳「前世を記憶する子どもたち」日本教文社p53～58参照
(11) ジュディス・A・バーリング「中国の諸宗教における死と来世」(ヒロシ・オオバヤシ編　安藤泰至訳「死と来世の系譜」時事通信社p327から引用)
(12) 村井幸三「お坊さんが困る仏教の話」新潮社p90参照
(13) 読売新聞2009年9月15日

(14) 中村元・福永光司・田村芳朗・今野達・末木文美士「岩波仏教辞典　第二版」岩波書店　参照
(15) 中村元監修「原始仏典第五巻　中部経典Ⅱ」春秋社　p302～311から要約
(16) 中村元・三枝充悳「バウッダ」小学館p54～62参照
松濤弘道「お経の基本がわかる小事典」ＰＨＰ新書p60～63参照
(17) 松濤弘道「お経の基本がわかる小事典」ＰＨＰ新書p61～62参照
(18) 中村元「佛教語大辞典」東京書籍参照
(19) 中村元・福永光司・田村芳朗・今野達・末木文美士「岩波仏教辞典　第二版」岩波書店参照
(20) 中村元・三枝充悳「バウッダ」小学館p161～162参照
(21) 宮元啓一「ブッダが考えたこと　これが最初の仏教だ」春秋社　p81から引用
(22) 石上和敬・江田昭道・爪田一壽『「阿含経典」を読む』角川書店　p216～218参照
(23) 中村元・三枝充悳「バウッダ」小学館p52参照
(24) 桐山靖雄「仏陀の真実の教えを説く（上）」平河出版社p225～228から引用
(25) 桐山靖雄「仏陀の真実の教えを説く（上）」平河出版社p228～230から引用
(26) 宮元啓一「ブッダが考えたこと　これが最初の仏教だ」春秋社　p３～５から引用

第四章

(１) イアン・スティーヴンソン　笠原敏雄訳「前世を記憶する子どもたち」日本教文社p314～316参照
(２) マイクル・Ｂ・セイボム　笠原敏雄訳『「あの世」からの帰還』日本教文社p26参照
(３) 天外伺朗・茂木健一郎「意識は科学で解き明かせるか」講談社ブルーバックスp22～25参照
(４) ダニエル・Ｃ・デネット　山口泰司訳「解明される意識」青土社

p 50 ～ 58参照
(5) 坂本政道「体外離脱と死後体験の謎」学習研究社 p 94 ～ 96から引用
(6) 坂本政道「体外離脱と死後体験の謎」学習研究社 p 90参照
(7) 藤田一郎『「見る」とはどういうことか　脳と心の関係をさぐる』㈱化学同人
福永篤志「図解雑学　よくわかる脳のしくみ」ナツメ社 p 94 ～ 97参照
(8) 苧阪直行「心と脳の科学」岩波ジュニア新書 p 34 ～ 38参照
(9) 坂本政道「体外離脱と死後体験の謎」学習研究社 p 122から引用
(10) レイモンド・A・ムーディ・Jr. 笠原敏雄・河口慶子訳「光の彼方に―死後の世界を垣間みた人々」ＴＢＳブリタニカ p 27参照
(11) ダニエル・C・デネット　山口泰司訳「解明される意識」青土社 p 50参照
(12) 笠原敏雄編「死後の生存の科学」叢文社 p 121 ～ 159参照
(13) マイクル・B・セイボム　笠原敏雄訳『「あの世」からの帰還』日本教文社 p 330から引用
(14) デボラ・ブラム　鈴木恵訳「幽霊を捕まえようとした科学者たち」文藝春秋 p 95から引用
(15) 安斎育郎「だからあなたは騙される」角川書店 p 76 ～ 77から引用
(16) 福澤義晴「科学の発見はいかになされたか」郁朋社　まえがきから引用
(17) 桐山靖雄「さあ、やるぞかならず勝つ　十分間法話集８」平河出版社 p 107 ～ 108から引用
(18) マイクル・B・セイボム　笠原敏雄訳『「あの世」からの帰還』日本教文社　序文から引用
(19) マイクル・B・セイボム　笠原敏雄訳『「あの世」からの帰還』日本教文社 p 378参照
(20) ブライアン・ジョセフソン　茂木健一郎・竹内薫訳「ノーベル賞科学者ブライアン・ジョセフソンの科学は心霊現象をいかにとらえるか」徳間書店 p 66参照

〈著者プロフィール〉
土倉　義史（とくら　よしふみ）
1958年１月17日生まれ、岡山県出身
1983年　鳥取大学農学部獣医学専攻修士課程修了（獣医師）
健康食品会社勤務を経て、1985年から公務員となり現在に至る。
仕事のかたわら、精神世界や仏教に興味を持ち、2000年頃から独自に研究を始める。特に輪廻転生について、古今東西の文献をもとに探究を続け、その成果を本書にまとめた。

生まれ変わりは本当にあるのか？
「あるはずがない」とはもう思えない

2010年６月21日　初版第１刷発行

著　者　土倉 義史
発行者　韮澤 潤一郎
発行所　株式会社 たま出版
〒160-0004 東京都新宿区四谷4－28－20
☎ 03-5369-3051（代表）
http://tamabook.com
振替　00130-5-94804

印刷所　図書印刷株式会社

ISBN978-4-8127-0308-3　C0011